KB202333

문맥에서 길을 찾다

문맥에서 길을 찾다

바른 구약 읽기

장세훈 지음

토브

추천사

• 이문식(광교산울교회 담임목사)

〈문맥에서 길을 찾다〉는 매주 강단에 서야 하는 목회자들에게 필독서이다. 이 책은 설교자들이 자주 범하는 구약성경 해석의 오류를 지적하면서 성경신학적 맥락에서 바르게 해석하는 길을 열어준다. 또한 이 책에서 다루고 있는 본문들뿐만 아니라 모든 신구약 성경을 보다 더 잘 해석할 수 있도록 도와준다. 특히 매 장 후반부에 붙어 있는 '심화학습을 위한 읽을거리'는 구약학 연구의 참고문헌들을 상세히 제시함으로 강단설교자들에게 큰 도움을 준다.

• 정현구(서울영동교회 담임목사)

성경읽기의 기본은 문맥파악이다. 문맥을 떠난 구절해석은 오독이다. 문맥을 떠난 해석들이 하나님의 말씀으로 전해지는 일이 적지 않다. 난해한 본문일수록 문맥을 더 살펴야 한다. 저자는 구약학자로서 난해한 구절의 뜻을 문맥 속에서 정확하고도 풍부하게 밝혀낸다. 매주 성경과 씨름해야 하는 목회자들에게 구약의 난해한 본문을 정확하게 풀어낸 이 책은 매우 실질적인 도움이 된다.

• 차준희(한세대 구약학 교수, 전 한국구약학회 회장)
오늘날 SNS시대 정보의 홍수 속에 교회 안에서도 가짜뉴스, 곧 성경의 본뜻을 벗어난 '성경 가짜뉴스'가 유포되고 있다. 특히 구약성경의 경우 오랜 시간 왜곡하여 해석된 본문들이 적지 않다. 이 책은 왜곡된 성경본문의 문맥을 찾아서 그 의미를 정확하게 분석한 "구약성경 팩트 체크"이다. 탁월한 성경연구자인 저자는 상처받은 본문을 치료하여 본문을 건강하게 세우는 작업을 감행했다. 본문을 살린 이 책이 독자들과 교회강단을 되살릴 것을 기대하며 기쁨으로 추천한다.

• 신원하(고려신학대학원 원장)
이 책은 철떡 같이 믿고 있던 여러 주제에 대한 우리의 잘못된 성경이해를 들춰내고 시원하게 바로잡아준다. 가나안 저주와 흑인의 연관성, 사탄의 이름으로 알고 있는 루시퍼의 정체 등이 그 대표적인 것들이다. 저자는 국제적인 학술지에 글을 싣는 실력 있는 구약학자이지만 누구나 성경을 바르게 읽고 적용할 수 있도록 쉽고 명쾌하게 글을 썼다. 이 책은 가독성이 높을 뿐만 아니라 올바르게 성경을 이해하고 해석하는 관점을 제공한다.

저자 서문

21세기의 그리스도인들은 수많은 설교와 성경공부의 홍수
시대에 살고 있다. 다수의 기독교 방송에서 흘러나오는 설교
들, 다양한 성경공부 프로그램 그리고 설교집과 강해서들은
실로 그리스도인들의 영적성장을 살찌우며 하나님의 말씀을
더 깊이 알아 가는데 많은 유익을 준다. 그럼에도 불구하고
하나님의 뜻을 왜곡시킬 수 있는 잘못된 가르침들이 성행하
고 있음도 부인할 수 없다. 대부분 이런 문제들은 잘못된 성
경해석과 적용에서 비롯된다. 특히 본문의 문맥을 고려하지
않은 독자들의 성경읽기는 본문의 의도와 전혀 상관없는 주
관적인 해석과 적용을 만들어낸다.

　그러므로 의식 있는 그리스도인들이라면 언제나 본문
의 문맥에 뿌리를 둔 성경해석과 적용에 집중해야 한다. 더
욱이 하나님의 말씀을 선포하고 가르치는 목회자들에게 문
맥의 중요성에 대한 강조는 두말할 나위가 없다. 이 책은 그
동안 잘못 해석하거나 적용했던 구약 본문들의 문제를 살펴

보며, 이 본문들의 전후 문맥을 통한 바른 해석과 적용을 제시한다. 부디 이 책을 통해 문맥에 근거한 바르고 건강한 성경해석과 적용이 한국 교회에 뿌리내릴 수 있기를 바라마지 않는다.

원래 이 책의 내용은 강의나 저널의 기고문을 통해 간간히 썼던 글들이었는데 주변에서 좀 더 완성도를 높여 한 권의 책으로 저술할 것을 제안하여 대폭적인 개정과 보완을 거쳐 완성되었다. 특히 이 책은 토브 출판사의 첫 출판물로서 의미를 가진다. 이 책의 편집을 위해 헌신과 수고를 아끼지 않은 이정화 편집대표님께 감사드리며, 출판을 위해 기도의 후원을 아끼지 않은 토브 교회 성도님들께도 고마움을 표한다. 또한 바쁜 와중에도 추천사를 기꺼이 써주신 이문식 목사님, 정현구 목사님, 차준희 교수님, 신원하 교수님께도 감사의 마음을 전한다. 끝으로 표지의 그림은 프랑스에서 조형예술가로 활동하시며 노숙인 선교를 감당하고 계시는 허은선 선교사님의 작품이다. 이 귀한 작품의 사용을 흔쾌히 허락해 주신 허은선 선교사님께 깊은 감사의 마음을 전하고 싶다.

2018년 4월의 봄을 맞이하며

장세훈

차례

1장

여인의
후손의 승리는
누구의 승리인가?[1]

내가 너로 여자와 원수가 되게 하고
네 후손도 여자의 후손과 원수가 되게 하리니
여자의 후손은 네 머리를 상하게 할 것이요
너는 그의 발꿈치를 상하게 할 것이니라

창세기 3:15

그리스도인이라면 누구나 창세기 3:15의 의미를 익히 들어
보았을 것이다. 여인의 후손이 뱀의 후손의 머리를 상하게
할 것이라는 창세기 3:15의 표현은 예수 그리스도의 십자가
의 승리를 나타내는 가장 대표적인 복음의 진수로 이해되어
왔다. 그러기에 창세기 3:15이 교회 역사 속에서 "최초의 복
음/원시복음"protevangelium으로 불린 것은 그리 놀라운 일이
아니다. 그럼에도 불구하고 창세기 3:15의 의미는 논쟁의 대
상이 되어왔다. 대부분의 한국 교회 목회자들이나 성도들은
창세기 3:15에 등장하는 "여인의 후손"을 메시아이신 예수
그리스도로 이해하고 있다. 다시 말해, 그들은 창세기 3:15

에 나오는 여인의 후손의 승리가 예수 그리스도의 십자가의 승리로 성취되었다고 확신한다. 하지만 과연 창세기 3:15에 등장하는 뱀을 향한 여인의 후손의 승리를 오직 예수 그리스도의 십자가의 승리만으로 국한할 수 있는가?

우리는 구약과 신약의 전체 문맥 속에서 창세기 3:15의 의미를 살펴볼 때, 이 여인의 후손이 개인뿐만 아니라 어느 특정한 집단과 관련이 있음을 깨닫게 된다. 그렇다면 과연 뱀을 향한 이 여인의 후손의 승리는 어떻게 해석되고 적용되어야만 하는가? 이 질문에 대한 대답은 창세기의 문맥과 신약의 관점에 비추어 본문을 관찰할 때 얻어질 수 있다. 창세기 3:15의 전후 문맥과 신약과의 연관성을 고려해 볼 때, 창세기 3:15에 등장하는 여인의 후손의 승리는 단순히 예수 그리스도의 십자가의 승리만을 의미하기보다는 예수 그리스도 개인과 더불어 그의 몸된 교회의 승리도 포함하고 있다. 이와 같은 결론에 도달하기 위해 우리는 먼저 창세기 3:15에 등장하는 여인의 후손에 대한 다양한 번역과 해석들을 간단히 살펴보고 창세기 3:15의 전후 문맥과 신약과의 연관성을 살펴볼 것이다.

창세기 3:15 후반부에 등장하는 여인의 후손(히브리어, "제라")에 관한 다양한 견해들과 논의들은 다음과 같은 질문들로 집약될 수 있다: 창세기 3:15의 여인의 후손("제라")은 개인인가 아니면 집단(혹은 집합체)인가?[2] 또한 뱀을 향한 이 여인의 후손의 승리는 누구의 승리를 가리키는가?

이와 같은 질문들에 대답하기 위해서 먼저 우리는 "여인의 후손"이 이토록 다양한 견해를 만들어내는 이유가 원문해독의 차이에서 비롯됨을 이해해야 한다. 원문해석의 차이는 다양한 번역본으로 반영된다. 창세기 3:15의 번역 가운데 가장 논쟁이 되는 단어는 3:15 후반부의 "여자의 후손은 네 머리를 상하게 할 것이요"라는 표현에서 "여자"로 번역되는 "후"라는 히브리어 대명사이다. 무엇보다도 이 히브리어 단어는 창세기 3:15에서 뱀의 머리를 상하게 하는 주체로 묘사되기 때문에 매우 중요한 단어이다. 이 히브리어 인칭 대명사는 3인칭 남성 단수이지만 문맥에 따라 "그", "그녀" 혹은 "그들"과 같은 다양한 인칭으로 이해될 수 있다. 한글 개역 개정은 이 단어를 다소 의역하여 "여자의 후손"으로 번역하고 있지만, 70인경이나 다른 영어 번역본들은 이와는 다른 번역을 제시하고 있다. 70인경은 창세기 3:15 후반부에 등장하는 "후"를 3인칭 남성 단수로서 "그/그녀"에 해당하는 "아우토스"로 번역한다. 여기서 70인경은 히브리어 "제라"의 의미를, 한 여자의 후손으로 해석하여 개인을 지칭하는 단어로 해석한다. 그리하여 몇 몇 학자들은 창세기 3:15에 대한 70인경의 번역이 가장 오래된 메시아적 해석의 증거가 된다고 주장한다. 흥미롭게도 창세기 3:15을 메시아적 증거로 본 70인경의 번역은 여러 영역본에게 영향을 미친다. 예를 들면, NKJV, NASB, NLT는 "후"를 "그"에 해당하는 "He"로 번역하고 있는데, 대문자 "He"로 번역하여 메시아적 뉘앙스를 전달하고 있다는 점이 매우 눈에 띈다. 반면에 NIV나 NRSV와 같은 영역본들은 "후"를 한 특정한 개인 혹은 메시아적 의미로 보지 않기에 대문자 "H"를 사용하지 않는다. 오히려 이 영역본들은 소문자 "h"를 사용하여 메시아적 뉘앙스를 반감시킨다. 아마도 NIV나 NRSV는 히브리어 "후"의 대상이 어느 한 특정 개인에게로만 적용되는 것을 피하려고 한 듯하다.

더욱이 창세기 3:15의 여인의 후손을 한 특정한 개인[a] particular person으로 볼 것인가 아니면 한 특정한 그룹 혹은 집합[a collective]으로 볼 것인가를 결정하는 문제는 창세기 3:15의 전후 문맥과 결부되어 있다. 창세기 3:15은 일차적으로 창세기 3장의 전후 문맥 속에서 읽혀지고 해석되는 것이 바람직하다. "후손/자손"을 가리키는 히브리어 "제라"는 창세기에서 59회나 등장하는 주요 단어이며, 대부분 족장 이야기에 집중되어 있다.[3] 특히 창세기 3:15 이후에 등장하는 셋의 등장은 "여인의 후손"과 셋과의 신학적 연관성을 추론하게 만든다. 비록 창세기 1:26-28에 나타난 아담의 축복과 사명이 창세기 3장의 타락에 의해 위기에 처하지만 셋으로 등장하는 "여인의 후손"은 창세기 3:15에 반영된 인류를 향한 희망을 여전히 비춰준다.

나아가 이와 같은 희망은 노아(창 9:9), 아브라함 및 애굽의 이스라엘과 같은 "여인의 후손"으로 이어지며, 출애굽 후 가나안을 점령한 시내산 언약 공동체로 확장된다. 그러므로 창세기 전체의 문맥 속에서 볼 때, 창세기 3:15의 "여인의 후손"은 문자적으로는 여자로부터 태어난 인류를 뜻할 수 있지만 그 가운데 한 특정한 그룹을 지칭하는 단어로 이해될 수 있다. 그렇다면 "뱀의 후손"은 문자적으로는 뱀들을 가리킬 수 있지만 "여인의 후손"과 갈등관계에 있거나 그들을 대적하는 한 특정한 그룹(예를 들면, 노아나 족장들 및 이스라엘과 대립하거나 갈등관계에 있었던 자들로 가인, 노아시대의 악인들, 애굽의 바로, 가나안인들)으로 이해될 수 있을 것이다. 더욱이 신약 시대로 나아가면 이와 같은 갈등구도는 예수와 사탄(계 19-20장), 교회와 사탄(계 12:9), 신자들과 악의 영들(엡

6:10-20) 혹은 교회와 사탄에 속한 무리들의 대립(요 8:39, 44)으로 다양하게 묘사된다. 이와 같은 대립과 투쟁의 다양성은 예수 그리스도와 그의 몸된 교회가 분리될 수 없듯이, 사탄과 그의 영들 그리고 사탄과 그의 통치를 받는 악인들이 서로 분리될 수 없음을 의미한다.

이런 점에서 여인의 후손("제라")을 개인으로만 취급하지 않고 집합적 존재로 보았던 칼빈의 관점은 결코 무시되어서는 안 된다. 칼빈은 로마서 16:20("평강의 하나님께서 속히 사탄을 너희 발아래에서 상하게 하시리라")을 언급하면서 창세기 3:15에 대한 해석을 다음과 같이 확증한다.

이 말씀들을 통해 그[바울]는 사탄을 깨뜨린 그 능력이 신실한 자들에게 주어지며 그리하여 그 축복이 전 교회의 공동자산the common property임을 알려준다. 그러나 동시에 그는 이런 축복이 오직 이 세상에서 시작되었을 뿐임을 우리에게 일깨운다. 왜냐하면 하나님은 오직 시련을 잘 감내하는 선수들에게만 왕관을 허락하시기 때문이다.[4]

칼빈은 창세기 3:15의 약속이 일차적으로는 사람과 뱀과의 일반적인 적대적 갈등을 의미한다고 본다. 그럼에도 불구하고 칼빈은 창세기 3:15의 약속이 예수 그리스도를 통해 성취됨을 인식하면서도 사탄과의 승리가 예수 그리스도를 믿는 모든 신자들에게도 적용됨을 역설한다. 그런 점에서 칼빈은 창세기 3:15 후반부의 여인의 후손은 메시아와 같은 개인을 포함한 집단적 의미로 해석될 수 있다고 결론짓는다.

■ ■
문맥에 뿌리내린 적용

앞서 살펴본 대로, 창세기 3:15을 한 개인으로 적용시켜 메시아의 승리로 주장하는 견해가 틀렸다고 말할 수는 없다. 여인의 후손으로 오신 그리스도가 악의 세력을 완전히 깨뜨려 승리하셨음은 너무나 분명한 사실이기 때문이다. 그러나 이어져 나오는 구약의 문맥들과 신약의 본문들은 이러한 승리를 메시아이신 예수 그리스도 개인에게로만 국한시키지 않는다. 오히려 신약의 본문들은 예수 그리스도의 승리를 교회의 승리와 연결시킨다. 이와 같은 이유로 인해 대표적인 개혁주의 성경신학자인 게르할더스 보스는 칼빈의 입장을 따라서 창세기 3:15을 로마서 16:20("평강의 하나님께서 속히 사탄을 너희 발아래에서 상하게 하시리라")과 결부시켜 해석한다.[5] 이 본문을 단순히 메시아의 승리를 예고하는 본문으로만이 아니라 하나님의 백성 언약 공동체, 곧 그리스도와 연합된 교회의 궁극적인 승리의 관점으로 볼 때, 오늘날 더욱 풍성한 의미로 우리에게 적용될 수 있을 것이다. 창세기 3:15에서 하나님께서 말씀하신 이 약속은 구약의 역사 속에서 그리고 신약의 그리스도를 통해서 이미 이루어졌고, 오늘날의 그의 몸 된 교회를 통해서 여전히 신실하게 이루어지고 있다.

　이런 관점은 현재의 한국 교회를 향해 소망의 기대를 열어준다. 한국교회를 섬기는 많은 목회자들과 신학자들은 한국교회가 심각한 붕괴위기를 맞고 있고 퇴로의 일로에 놓여있다고 진단하며 많은 우려를 표한다. 한국교회의 죄에 대한 각성과 참된 회개의 회복의 차원에서 이러한 진단은 겸허히 수용하며 돌아보아야 할 바른 소리들이다. 그러나 지나치게 부정적인 시각으로 교회를 바라보며 소망이 없다고 절망하는 것은 바람직하지 않다. 사탄이 시시각각 여러 모양으로 교회를 무너뜨리려고 전략을 세워도 이 싸움의 결국은 교회의 승리로 결론지어질 것을 이미 창세기 3:15에서 하나님은 약속하셨다. 때로는 그리스도인들이 패배하는 것처럼 보이고, 교회가 힘을 잃고 쓰러지는 것같이 보여도, 결단코 교회가 사탄에게 패할 수 없는 이유는 승리를 이미 약속하시고 성취하신 하나님의 신실하심 때문이다. 그러므로 창세기 3:15의 여인의 후손의 승리는 셋, 노아, 아브라함, 이스라엘 및 다윗을 거쳐 예수 그리스도와 그의 몸 된 교회를 통해 이루어지는 사탄과의 승리로 적용되어야 할 것이다. 이것이 바로 창세기 3:15의 문맥과 그 성경신학적 관점이 강조하는 바이다.

장세훈. "창 3:15의 제라에 대한 성경신학적 고찰: 게르할더스 보스의 관점을 중심으로", 『교회와 문화』(2016): 11-28.

창세기 3:15의 여인의 후손의 정체를 면밀히 분석한 논문으로서 히브리어 "제라"의 용법에 관한 자세한 토론과 그 해석의 역사를 소개한다. 특히 여인의 후손을 개인으로 국한시키지 않고 집단적 의미로 이해하는 게르할더스 보스의 입장을 충분히 토론하고 있다. 이 논문을 통해 창세기 3:15의 의미에 대한 자세한 정보를 얻을 수 있다.

Cefalu, Rita F. "Royal Priestly Heirs to the Restoration Promise of Genesis 3:15: A Biblical Theological Perspective on the Sons of God in Genesis 6", *WTJ* 76 (2014): 351-70.

창세기 3:15의 여인의 후손의 성경신학적 의미를 탐구하는 논문이다. 창세기 3:15의 전후 문맥, 특히 창세기 1장과 창세기 4-6장의 문맥 속에서 여인의 후손의 의미를 성경신학적으로 접근하는 통찰력을 제공해 준다.

Collins, Jack. "A Syntactical Note (Genesis 3:15): Is the Woman's Seed Singular or Plural?", *Tyndale Bulletin* 48.1 (1997): 139-48.

히브리어 "제라"에 관한 구문법적 용법을 전문적으로 다룬 논문이다. 특히 창세기 3:15의 여인의 후손을 단수로 보아야하는지 아니면 복수로 보아야 하는지에 관한 첨예한 이슈들과 해석의 문제들을 집중적으로 다루고 있다.

Lewis, Jack. "The Woman's Seed (GEN 3:15)," *JETS* 34/3 (September 1991): 299-319.

창세기 3:15의 "여인의 후손"의 정체에 관한 해석의 역사를 상세하게 설명한다. 특히 초대교부로부터 시작하여 종교개혁시대까지 대표적인 학자들의 견해들을 소개하며 그 해석의 다양성도 제공한다. 창세기 3:15의 해석의 역사를 한 눈에 조망할 수 있는 기회를 제공해 준다는 점에서 읽을 가치가 있는 논문이다.

Poythress, Vern S. "The Presence of God Qualifying Our Notions of Grammatical-Historical Interpretation: Genesis 3:15 as A Test Case", *JETS* 50/1 (March 2007): 87-103.

역사 문법적 해석의 가치와 의미를 상고하는 논문으로서 특별히 창세기 3:15의 역사 문법적 해석의 의의를 집중적으로 조명한다. 역사 문법적 해석과 창세기 3:15의 연관성에 관심 있는 독자들에게는 흥미 있는 논문이 될 것이다.

Wenham, Gordon J. *Genesis 1-15*. WBC 1. Waco: Word Books, 1987. 박영호 역.『창세기 상』. WBC 성경주석시리즈. 서울: 솔로몬, 2001.

창세기 3:15의 문맥과 의도에 대한 주석적 함의를 잘 드러낸다. 복음주의적이면서도 학문적 통찰을 견지하는 좋은 주석서이다.

2장

하나님은
왜 가인의 제사를
받지 않으셨을까?

가인은 땅의 소산으로 제물을 삼아 여호와께 드렸고
아벨은 자기도 양의 첫 새끼와 그 기름으로 드렸더니
여호와께서 아벨과 그의 제물은 받으셨으나
가인과 그의 제물은 받지 아니하신지라

창세기 4:3-4

─

성경은 예수 그리스도의 피 흘림의 대속이 중심을 이룬다. 그러다보니 성경을 읽고 해석할 때 지나치게 피 흘림에만 집중하여 본문의 의미를 왜곡하거나 오해하는 일들이 종종 발생하곤 한다. 이런 문제는 성경을 오랫동안 읽고 연구해 온 목회자들에게 더욱 흔하게 나타난다. 오래 전에 창세기 4장에 등장하는 가인과 아벨의 제사에 관하여 강의를 한 적이 있다. 한 학생이 가인의 제사를 하나님께서 받지 않으신 이유가 "피 없는 제사"였기 때문이라고 주장했다. 그것이 이유가 아니라고 상세히 설명해 주었지만, 그 학생은 필자의 설명을 전혀 수긍하지 않았다. 오히려 자신의 입장을 더욱 강하게 피력했다. 이 분은 지금도 자신의 입장에 대한 확신을 갖고서 가인이 피 없는 제사를 드려서 하나님께 받아들여지지 못했음을 강변하고 있다.

안타깝게도 이런 주장은 다른 여러 목회자들의 설교나 강의에서 빈번하게 나타난다. 그런데 이런 해석을 취하는 목회자들은 대체로 신학적으로 보수적이면서도 본문중심의 설교를 강조하는 분들이다. 심지어 잘 알려진 강해설교자들도 이런 해석을 주장한다. 이같은 현실을 볼 때마다 잘못된 선이해가 얼마나 본문해석에 큰 방해가 되는지를 절감하게 된다.

물론 구약과 신약을 관통하는 그리스도의 피와 그 대속의 의미를 결코 간과해서는 안 될 것이다. 그러나 성경의 본문을 대할 때마다 본문의 문맥을 놓쳐버리고 곧바로 그리스도의 피의 구속사적 의미만을 지나치게 부여하는 해석은 자칫 본문의 의미를 해석자 자신의 해석 프레임에 과도하게 집어넣어 본문 자체의 의도를 왜곡하는 어리석음에 빠질 수 있게 한다. 앞서 지적했다시피 가인의 제사가 받아들여지지 못한 원인을 피 흘림 없는 제사에서 찾는 관점은 이런 오류를 보여주는 단적인 예이다. 그렇다면 과연 가인의 제사를 하나님께서 거절하신 이유는 무엇일까? 우리는 이 질문에 답하기에 앞서 몇 가지 입장들을 살펴본 후, 본문의 문맥 속에서 그 이유를 찾고자 한다.

■■
문맥으로 관찰하기

창세기 4장에 등장하는 가인과 아벨의 제사를 연구해 온 학자들은 이 제사와 관련하여 다양한 견해를 제시해 왔다. 첫째, 어떤 이들은 하나님께서 아벨의 제사는 받으시고 가인의 제사를 거절하신 이유에 관하여 "설명 불가한 하나님의 주권적 자기 결정"을 강조한다. 성경에는 하나님의 주권적인 선택적 결정이 나타나며, 이런 결정은 하나님의 주권에 의한 것이기 때문에 그 이유를 설명하기 어렵다는 것이다. 예를 들면, 하나님께서 야곱과 에서 가운데 야곱을 선택하신 것은 하나님의 주권적 자기결정에 해당한다는 것이다. 그래서 가인과 아벨의 제사의 열납 여부도 이와 같은 하나님의 주권적 결정에 속한다고 본다. 다시 말해, 가인이 특별히 잘못을 저질렀기 때문에 나타난 결과가 아니라, 하나님의 선택이요 주권적 결정에 따른 것이라는 해석이다.

그러나 창세기 4장의 문맥적 상황은 이런 해석을 지지하지 않는다. 더욱이 가인의 태도에 많은 지면을 할애하는 창세기 4장의 의도는 예배자로서의 중심을 상실한 가인의 문제를 더욱 부각시키고 있기 때문에, 하나님의 주권적 자기 결정을 강조하는 해석은 본문의 문맥과 부합하지 않는다.

둘째, 어떤 이들은 가인이 드린 제사의 문제를 "피 없는 제사"로 규정한다. 이들이 주장하는 해석의 가장 강력한 증거 본문은 히브리서 9:22, "율법을 따라 거의 모든 물건이 피로써 정결하게 되나니 피 흘림이 없은즉 사함이 없느니라"이다. 이들은 가인이 짐승의 피로 제사를 드리지 못했기 때문에 하나님으로부터 거절당했다고 주장한다. 반면에 이들은 아벨의 제사는 "피 있는 제물"을 수반했기 때문에 하나님께서 기쁘시게 받으셨다고 본다. 이들은 아벨의 제사를 언급하는 히브리서 11:4의 다음 표현이 자신들의 해석을 뒷받침한다고 본다. "믿음으로 아벨은 가인보다 더 나은 제사를 하나님께 드림으로 의로운 자라 하시는 증거를 얻었으니 하나님이 그 예물에 대하여 증언하심이라 그가 죽었으나 그 믿음으로써 지금도 말하느니라." 이들은 아벨이 가인보다 더 나은 제사를 하나님께 드렸는데 아벨의 예물이 그 증거가 된다고 주장하면서, 바로 그 아벨의 예물이 "피 있는 제물"이라고 강조한다.

그러나 과연 가인의 제사의 실패의 이유가 "피 없는 제사"였기 때문일까? 또한 히브리서 11:4에 등장하는 아벨의 예물은 짐승의 피로 드린 예물이었기 때문에 가인의 예물보다 더 낫다고 평가 받았을까? 가인의 제사의 문제를 "피 없는 제물"에서 찾는 해석은 몇 가지 문제에 직면할 수 있다.

첫째, 하나님께서 "피 없는 제사"를 받지 않으신다면,

레위기 2장에 소개되는 피 없이 바치는 "소제"의 규례는 설명이 불가능해진다. 구약에서 하나님은 짐승의 피로 드리는 제사뿐만 아니라 피 없는 제사도 받으신다. 그러므로 단순히 "피 없이" 드렸다는 이유만으로 하나님께서 거절했다는 식의 논리는 설득력을 상실한다. 둘째, 창세기 4:2에서 가인은 농사짓는 자로 소개되는 반면에 아벨은 양치는 자로 묘사되고 있다. 이런 표현은 농사짓는 자와 양치는 자가 각각 자신이 수확한 결실을 하나님께 예물로 바치는 것이 더욱 자연스러운 것임을 암시하고 있다. 그러므로 가인이 자신의 직업에 따른 결실을 하나님께 제물로 바친 것은 잘못이 아니었을 것이다.

그렇다면 왜 하나님은 아벨의 제물을 받으시고 가인의 제물은 거절하셨을까? 창세기 4장의 문맥은 가인의 문제가 제물의 종류보다도 제물에 담긴 정성과 관련이 있음을 짐작케 한다. 다시 말해 제사의 열납의 기준은 어떤 종류로 바치느냐보다는 어떤 마음으로 드리느냐에 있는 것이다. 하나님께서 가인의 제사를 거부했을 때, 가인의 반응은 분노로 표출된다. 이렇게 분노하는 가인에게 하나님은 "네가 선을 행하면 어찌 낯을 들지 못하겠느냐?"(7절)라고 질문하신다. 하나님의 이런 반응은 제사를 바치는 가인에게 심각한 문제가 있음을 암시한다. 그럼에도 불구하고 가인은 자신의 문제를 직시하기보다는 오히려 자신의 분노를 동생에게 쏟아 부어 그를 살해하는 더 큰 죄악을 저지르고 말았다. 이처럼 창세기 4장의 문맥은 예배자로서의 가인의 성품과 그의 내적 상태의 문제를 부각시키고 있다. 이것은 가인의 제사의 문제가 제물의 종류에 있지 않고 제물을 바치는 자의 내적인 상태와 연관이 있음을 시사해 준다.

나아가 창세기 4장에 등장하는 제사를 연구해 온 많은 학자들은 가인과 아벨의 제물에 나타난 가장 큰 차이점으로서 "첫 새끼"라는 단어에 집중한다. 이들에 의하면, 아벨이 드린 "첫 새끼"라는 단어는 아벨의 제사와 가인의 제사의 극명한 차이를 보여준다. 좀 더 구체적으로 말하자면, 아벨은 자신이 얻게 된 수확의 결실 가운데 첫 번째의 것을 하나님께 드린 반면, 가인은 그렇지 않았다는 것이다. 즉 여기서의 차이는 동물이냐 곡식이냐의 차이가 아니라 첫 소출이냐 나중 것이냐의 차이를 강조한다. 다시 말해 이런 차이는 제사를 드리는 자의 마음의 정성의 차이를 반영한다. 이처럼 "첫 새끼"라는 단어가 아벨과 가인의 제사의 차이를 드러내고 있지만, 궁극적으로 "첫 새끼"라는 표현은 제사를 드리는 자의 내적인 믿음을 반영한다고 보아야 할 것이다. 결론적으로 가인과 아벨의 제사의 차이는 결국 제사를 드리는 자의 믿음의 차이라고 보아야 한다. 이와 같은 결론은 히브리서 저자에 의해 확증된다.

믿음으로 아벨은 가인보다 더 나은 제사를 하나님께 드림으로 의로운 자라 하시는 증거를 얻었으니 하나님이 그 예물에 대하여 증언하심이라 그가 죽었으나 그 믿음으로써 지금도 말하느니라(히 11:4)

■ ■
문맥에 뿌리내린 적용

구약과 신약의 중심에 그리스도의 피와 그 대속의 의미가 흐르고 있음은 의심의 여지가 없다. 그러나 구약에 등장하는 모든 제사를 "피"의 유무와 연결시켜 그 성공과 실패를 규정하는 것은 지나친 해석이 될 수 있다. "피 없이는 사함이 없다"는 신약의 표현을 마치 열납되는 제사의 절대적 기준처럼 모든 제사에 적용하는 것은 매우 위험스런 접근이다. 비록 희생제물의 "피"가 속죄의 기능을 수행함으로써 제사 의식에 있어서 매우 중요한 위치를 점하고 있지만, 모든 제사의 희생 제물을 동물로 제한시키는 것은 자칫 본문의 문맥과 그 의도에서 벗어날 수 있다. 무엇보다도 창세기 4장의 문맥은 제사의 핵심이 짐승의 "피"가 아니라 믿음으로 드리는 예물의 중요성에 있음을 강조한다. 그러나 가인의 제사의 실패의 원인을 "피 없는 제사"에서 찾는다면, 본문의 문맥이 의도하는 이런 핵심은 놓쳐버릴 수 있다. 그러므로 창세기 4장을 읽는 독자들은 아벨의 제사의 성공과 가인의 제사의 실패를 "피"와 연결시키지 않도록 주의해야한다. 나아가 제사 드리는 자의 믿음의 자세가 얼마나 소중한지를 강조함으로써 예배하는 자의 마음의 자세를 강조해야 할 것이다.

심화학습을
위한
읽을거리

김의원. 『창세기 연구: 문예접근법에 따른 연구』. 서울: 기독교문
서선교회, 2013.

개혁 신학적 입장을 견지하되 문예적 접근을 시도하는 창세
기 연구서이다. 문예적 구조분석에 근거한 본문 분석은 창세
기 4장의 문맥과 그 의도를 정확히 파악하도록 이끌어 준다.

하경택. "가인과 아벨의 제사: 창 4:1-16에 대한 주석적 연구". 『서
울장신논단』 제14호(1998), 7-45.

창세기 4:1-16을 분석한 좋은 논문이다. 특히 가인과 아벨의
제사의 문제를 심층적으로 다룬 유익한 논문으로서 읽어볼만
한 가치가 있다.

Brueggemann, Walter. *Genesis*. Interpretation. Louisville:
Westminster John Knox Press, 1986. 강성열 역. 『창세기: 현대성
서주석-목회자와 설교자를 위한 주석』. 서울: 한국장로교출판사,
2000.

정교한 본문 분석을 제시하지는 않지만 저자의 독특한 관점
을 엿볼 수 있다.

Hamilton, Victor P. *The Book of Genesis: Chapters 1-17*.
NICOT. Grand Rapids: Eerdmans, 1990. 임요한 역.『창세기 1』.
서울: 부흥과 개혁사, 2016.
　　복음주의적 입장을 견지하면서 상세한 토론을 제공한다. 특
히 창세기 4장의 분석은 본문이해에 큰 도움을 준다. 목회자
들은 꼭 읽어야 할 책으로 추천할 만하다.

Mathews, Kenneth A. *Genesis 1-11:26*. New American
Commentary. Nashville: Broadman & Holman Publisher, 1996.
권대영 역.『창세기 1』. 서울: 부흥과 개혁사, 2018.
　　복음주의적 관점으로 저술된 최근의 창세기 주석서 가운데
단연 최고의 작품으로 손꼽힌다. 창세기 4장의 분석도 매우
탁월하며, 가인과 아벨의 제사와 관련된 여러 이슈들을 이해
하는데 많은 도움을 준다. 창세기 연구를 위한 필독서로서 적
극 추천한다.

Ross, Allen P. *Creation and Blessing: A Guide to The Study
and Exposition of Genesis*. Grand Rapids: Baker, 1997. 김창동
역.『창조와 축복』. 서울: 디모데, 2007.

창세기 본문 주해를 목적으로 저술된 책이다. 창세기 4장에 대한 설명도 본문 이해와 적용에 많은 도움을 준다. 목회자들의 설교 준비에 필요한 주석서로 추천할 만하다.

Wenham, Gordon J. *Genesis 1–15*. WBC 1. Waco: Word Books, 1987. 박영호 역. 『창세기 상』. WBC 성경주석시리즈. 서울: 솔로몬, 2001.
복음주의적 관점을 견지하되 학문적 가치를 발휘하는 탁월한 창세기 주석서이다. 창세기 4장에 대한 분석은 저자의 균형 잡힌 학문성을 잘 드러내 준다.

3장

함의 저주는
아프리카인들과
관련이 있는가?

노아가 농사를 시작하여 포도나무를 심었더니
포도주를 마시고 취하여 그 장막 안에서 벌거벗은지라
가나안의 아버지 함이 그의 아버지의 하체를 보고
밖으로 나가서 그의 두 형제에게 알리매
셈과 야벳이 옷을 가져다가 자기들의 어깨에 메고 뒷걸음쳐
들어가서 그들의 아버지의 하체를 덮었으며 그들이 얼굴을
돌이키고 그들의 아버지의 하체를 보지 아니하였더라
노아가 술이 깨어 그의 작은 아들이 자기에게
행한 일을 알고 이에 이르되 가나안은 저주를 받아
그의 형제의 종들의 종이 되기를 원하노라 하고
또 이르되 셈의 하나님 여호와를 찬송하리로다
가나안은 셈의 종이 되고 하나님이 야벳을 창대하게 하사
셈의 장막에 거하게 하시고 가나안은 그의 종이 되게
하시기를 원하노라 하였더라
창세기 9:20-27

━

고등부 시절 교회에서 성경공부를 할 때, 필자는 함의 후손들이 아프리카인들이라고 배운 적이 있었다. 그리고 아프리카 국가들이 기근과 가난으로 고통 받는 현실이 함의 저주와 관련이 있다고 믿었다. 그러나 세월이 흐르고 창세기 9장의 전후 문맥을 좀 더 상세히 읽어보았을 때, 함의 저주가 아프리카의 고통스런 현실과 무관함을 깨닫게 되었다. 안타까운 점은 아직도 이런 식으로 함의 저주를 이해하는 성도들이 많다는 것이다. 우리에게 잘 알려진 기독교 방송에서 유명한 어느 목사님은 함의 저주를 받은 아프리카의 현실을 직시하라고 하면서 오직 예수만이 아프리카를 함의 저주에서 해방시킬 수 있다고 역설하였다.

물론 필자 역시 아프리카에도 예수의 복음이 필요하며, 사단의 권세에서 해방되는 유일한 길은 오직 예수 그리스도의 복음뿐임을 믿는다. 그러나 아프리카의 나라들이 함의 저주아래 있어서 현재에도 고통을 받고 있다는 그 목사님의 메시지는 받아들이기 어려웠다. 이런 일들은 비단 한국 교회에만 나타나는 현상이 아니다. 몇 년 전이었다. 필자가 가르치고 있는 신학대학원은 영어로 수업하는 외국인 과정을 개설하고 있다. 외국인 학생들과 함께 창세기를 수업하던 중 평소와는 달리 이들에게 조금 언성을 높이는 일이 생겼다. 아프리카에서 유학을 온 한 학생이 창세기 9:20-27에 등장하는 함의 저주를 언급하면서 함을 자기네 조상으로 이해하고 있었던 것이다. 그 학생은 아프리카인의 피부가 검은 색이 된 것은 함의 저주에서 비롯된 것이라고 생각하고 있었다. 기가 막혔다. 다른 사람도 아니고 아프리카인 스스로가 자신을 함의 후손으로 규정하는 비극을 목도하면서 약간의 격양된 목소리로 그 학생의 잘못된 성경이해를 교정해 주고 아프리카인의 피부색과 함의 저주는 아무런 관련이 없다고 자세히 설명해 주었다. 수업을 마친 후에 그 학생은 내게 찾아와 고마움을 표시하며 성경해석이 얼마나 중요한지를 다시 한 번 깨닫게 되었다고 말했다.

함의 저주는 이 학생의 경우보다 더욱 심각하게 왜곡되거나 오용되기도 한다. 어떤 이들은 아프리카의 낙후성을 함의 저주와 연결시키는 오류를 범하기도 한다. 심지어 함의 저주는 노예무역을 정당화하기 위해 악용되기도 하였다.[6] 노예무역이 1600년대부터 시작될 때 함의 저주는 아프리카인들의 노예제도를 정당화하기 위한 구실로 사용되기도 했다. 특히 미국의 몇 몇 그리스도인들은 자신들의 노예제도를 정당화하기 위해 함의 저주를 적극 활용하였다.

예를 들면 손튼 스트링펠로우Thornton Stringfellow는 "니그로인들은 천한 신분으로 격하된 노아의 아들, 함의 후손들"이라고 주장한다.[7] 이런 인식은 결국 아프리카인들에 대한 노예제도를 정당화하는 발판이 되었다. 다시 말해, 아프리카인들의 노예의 삶이 함의 저주에 의한 운명이라는 것이다. 필자는 노예제도를 정당화하기 위해 창세기 9:20-27이 사용되었던 과거의 어두운 미국의 역사를 보면서 본문의 문맥에 기초한 올바른 성경해석의 중요성을 다시 한 번 절감할 수밖에 없었다. 더욱 슬픈 일은 아프리카의 낙후성을 함의 저주와 연결시키는 그릇된 관점들이 여전히 우리의 주변에 존재하고 있다는 사실이다. 그러나 과연 창세기의 이 본문에 언급된 노아의 아들 함은 아프리카인의 조상인가? 정말로 함의 저주는 아프리카인들에게 적용될 수 있는가?

이런 질문에 답하기 위해서 우리는 먼저 창세기 9:20-27의 전후 문맥 안에서 함의 저주의 이유가 무엇인지를 알아야 한다. 흥미롭게도 본문에는 함의 행동으로 인해 함이 아닌, 함의 아들 가나안이 저주를 받는다. 그렇다면 본문의 문맥 안에서 이 저주의 원인과 그 의미는 무엇일까?

■ ■

문맥으로 관찰하기

함의 저주가 등장하는 창세기 9:20-27은 포도주에 취하여 맨 몸으로 인사불성이 되어버린 노아의 모습으로 시작한다. 벌거벗은 노아의 하체를 먼저 목격한 이는 함이었다. 이 광경을 목격한 함은 형제인 셈과 야벳에게 알렸고, 셈과 야벳은 노아의 하체를 보지 않기 위해 뒷걸음질하여 노아의 하체를 가렸다. 술이 깬 노아는 세 아들이 한 일을 알게 되었고, 함을 향해 "가나안은 저주를 받아 그의 형제의 종들의 종이 되기를 원하노라"(9:25)고 선언한다. 그렇다면 왜 노아는 함을 향해 가나안의 저주를 선포한 것일까?

이러한 질문에 대해 다양한 해석들이 제시되어 왔지만, 여기서는 대표적인 두 입장만을 소개하고자 한다. 첫째, 어떤 학자들은 함의 저주가 그의 그릇된 성적 충동에서 비롯된 것이라고 진단한다.[8] 다시 말해, 함이 아비 노아의 하체를 보고 성적 욕망을 품는 잘못을 범했다는 것이다. 구약의 몇 몇 본문들은 벗은 몸을 보는 행위를 금지한다. 예를 들면 제사장들에게 제단을 향해 올라가는 일은 금지되었는데 그 이유는 그들의 하체가 드러날 수 있었기 때문이다(출 20:26). 심지어 구약의 여러 본문에는 하체를 보는 행위가 성적인 행위를 의미하는 경우들이 있다(레 20:17). 그래서 이 학자들은 함이 노아의 하체를 보았다는 표현을, 함이 그의 아비 노아를 향해 행했던 성적인 죄악으로 이해한다. 그러나 벌거벗은 노아의 하체를 본 것을 성적인 행위로 해석하는 것은 다소 설득력을 상실한다. 실제로 본문의 저자는 함이 노아의 벌거벗음을 보고 그 사실을 두 형제에게 알렸다고 기록할 뿐이다. 그러므로 벌거벗음을 성적행위로 규정하는 것은 본문 그 자체로부터 지나치게 벗어나는 일이다.

반면에 어떤 이들은 함의 저주가 가나안에게 향하는 이유를 설명하기 위해 함의 근친상간을 강조한다. 구체적으로 말하자면, 노아가 술에 취해 있을 때 함이 그의 어미와 근친상간을 했고, 그 결과로 태어난 자식이 바로 가나안이라는 것이다. 그러나 이런 주장 역시 본문 자체로부터 어떤 근거나 증거를 취하지 못하는 약점을 안고 있다.[9]

둘째, 함의 죄를 성적인 행위로 보는 입장과는 달리, 본문의 문맥에 근거하여 벌거벗은 노아의 모습에 대한 세 아들의 다른 반응과 태도의 차이에 집중하면서 함의 문제를 해석하는 입장이 있다. 셈과 야벳은 노아의 하체를 보지 않고 뒷걸음질해서 그의 벗은 몸을 옷으로 덮었지만 함은 노아의 하체를 보고 그 부끄러운 모습을 가리기보다는 오히려 다른 이들에게 알리고 말았다. 형제들의 이와 같은 상반된 반응과 모습은 곧 함의 부적절한 처신을 암시한다는 것이다. 즉 함이 노아의 벗은 몸을 보고 형제들에게 그 사실을 말한 것은 매우 부도덕한 행위로 간주 될 수 있다는 것이다. 그리하여 알렌 로스Allen P. Ross는 "함이 경솔하게 쳐다보았던 도덕적 결함은 도덕법의 거부로 나아가는 첫 걸음을 의미한다. 더욱이 한 경계선에 대한 위반은 노아의 명예를 파괴시키고 말았

다"고 말한다.[10]

　필자는 이 두 가지 해석 가운데 후자의 견해가 타당하다고 본다. 창세기 9:20-27의 문맥은 함과 노아의 성적인 죄를 말하지 않는다. 창세기 9:20-27의 문맥의 논점은 무엇인가? 창세기 9:20-27은 함과 나머지 두 형제 셈과 야벳의 서로 다른 반응을 부각시킨다. 다시 말해 창세기 9:20-27은 수치스런 모습을 보인 아버지에 대해 자식들의 상반된 반응과 그에 대한 결과에 초점을 두고 있다. 더욱이 우가릿 서시시의 아캇 1:32-33을 인용하는 고든 웬함Gordon Wenham의 논지는 이런 문맥적 관찰을 더욱 지지해 준다.[11] 이 문서는 아비가 술을 마신 경우에 아들이 아비를 손으로 부축할 것과 아비가 만취할 경우에는 아들이 아비를 직접 데리고 올 것을 언급한다. 그리하여 웬함은 만취한 아비에 대한 아들로서의 올바른 태도와 처신을 보이지 못한 함의 문제를 지적한다.

　그런데 여기서 우리는 왜 함의 저주가 함의 아들 가나안에게 선언되고 있는지를 살펴볼 필요가 있다. 이 질문에 대해서도 많은 견해들이 제시되어 왔지만 여기서는 크게 세 가지 입장만을 소개하고자 한다. 첫째, 몇 몇 학자들은 왜 함의 잘못 때문에 그의 아들 가나안이 저주받게 되는지는 그 이유를 알 수 없다고 고백하며 풀 수 없는 난제로 이해한다.[12] 둘째, 어떤 학자들은 함이 아비의 권위를 무너뜨렸기 때문에 그의 아들 가나안을 통해 동일한 문제를 경험하게 될 것임을 강조한다. 셋째, 다른 이들은 가나안에게 선포된 저주를 미래에 일어날 사건에 관한 예기적 관점으로 해석한다. 다시 말해, 장차 가나안 족속이 이스라엘에게 정복당하여 복속될 것임을 예상하여 미리 선언되고 있다는 것이다. 필자는 이 세 가지 견해들 가운데 두 번째와 세 번째의 해석이 모두 가능하다고 본다. 즉 가나안을 향한 저주는 가나안이 아비함과 동일한 범죄를 저지를 것이며, 더 나아가 먼 훗날 그의 후손들의 범죄로 인해 정복과 종살이를 경험하게 될 것임을 예고한다.

■ ■
문맥에 뿌리내린 적용

이상으로 우리는 함의 저주와 관련된 창세기 9:20-27에서 제기되는 몇 가지 중요한 해석의 이슈들을 간략히 살펴보았다. 비록 해석의 견해와 입장의 차이는 존재하지만, 아프리카인을 함의 후손으로 여기며 함의 저주를 그들에게 적용시키는 해석은 본문의 문맥과 그 논점과는 전혀 관련이 없음을 확인할 수 있다. 그러므로 창세기 9:20-27에 등장하는 함의 저주를 아프리카인들에게 적용시키는 것은 본문의 의도에서 완전히 벗어나는 일이다. 불행하게도 함의 저주를 이용하여 아프리카인들의 노예무역을 정당화했던 몇 몇 미국 교회의 성경해석은 성경이 어떻게 인간의 탐욕에 의해 오용될 수 있는지를 적나라하게 보여준다. 노예의 삶을 자신의 운명으로 강요당했던 과거 아프리카인들의 비극은 다시는 역사 속에서 반복되어서는 안 될 것이다.

이처럼 창세기 9:20-27에 등장하는 함의 저주를 어느 특정한 인종이나 국가들과 연결시키는 위험한 적용은 반드시 교정되어야 한다. 과거의 함의 후손들이 오늘날 누구인지를 역사적으로 추적하거나 규정하는 것은 의미도 없고 불가능한 일이다. 오히려 구약에 등장하는 축복과 저주는 혈통적 관점이 아니라 예수 그리스도를 통해 성취되는 하나님과의 언약적 관점에서 해석되어야 한다. 다시 말해, 혈통적으로는 아프리카인이든 서양인이든 동양인이든 간에 누구든지 예수 그리스도를 믿는 신앙고백을 통해 하나님과의 언약을 맺으면 그는 하나님 나라의 언약 백성으로서의 복을 누리게 된다. 반면에 예수 그리스도를 믿음으로 거듭나지 못하면 비록 혈통적으로 아브라함의 자녀라 할지라도 여전히 하나님의 저주 아래 있으며 심판을 경험할 수밖에 없다. 이처럼 구약의 축복과 저주는 오직 예수 그리스도를 통해 성취되며 복음의 빛 아래서 해석되고 적용되어야 함을 결코 잊지 말아야 한다. 그러므로 창세기 9:20-27을 읽고 해석하는 그리스도인들은 결코 함의 저주의 대상을 아프리카인들에게 적용시키지 않도록 깊이 주의해야 할 것이다. 함의 저주는 아프리카인들과 무관하다. 이것이 문맥이 지지하는 바이다.

심화학습을 위한 읽을거리

김의원. 『창세기 연구: 문예접근법에 따른 연구』. 서울: 기독교문
서선교회, 2013.

문예적 구조분석에 근거하여 창세기 9:20-27의 문맥과 그
의도를 강조한다. 함의 저주에 관한 토론은 매우 설득력을 갖
는다.

Hamilton, Victor P. *The Book of Genesis: Chapters 1-17*.
NICOT. Grand Rapids: Eerdmans, 1990. 임요한 역. 『창세기 1』.
서울: 부흥과 개혁사, 2016.

함의 저주의 원인에 대해 간략하면서도 핵심적으로 논의하고
있으며, 함이 노아의 벌거벗음을 보았음에도 불구하고 그 수
치를 가리지 못한 것을 함의 잘못으로 해석한다.

Mathews, Kenneth A. *Genesis 1-11:26*. New American
Commentary. Nashville: Broadman & Holman Publisher, 1996.
권대영 역. 『창세기 1』. 서울: 부흥과 개혁사, 2018.

함의 저주의 원인에 대한 다양한 입장들을 소개한 후 각각의 문제들을 상세히 제시하고 있으며, 노아의 벌거벗음을 가리지 못한 것을 함의 죄로 해석한다.

Robertson, O. Palmer. "Current Critical Questions Concerning the 'Curse of Ham'". *JETS* 41/2 (1998): 177-88.

함의 저주에 관한 매우 심도 있는 토론을 소개하고 있다. 특히 함의 죄를 성적인 행위로 간주하는 입장을 취하며, 마지막 부분에 등장하는 성경신학적 적용은 눈여겨 볼 만하다.

Wenham, Gordon J. *Genesis 1-15*. WBC 1. Waco: Word Books, 1987. 박영호 역. 『창세기 상』. WBC 성경주석시리즈. 서울: 솔로몬, 2001.

고대근동문헌을 비교분석하면서 함의 저주의 원인을 규명하는 탁월하고도 설득력있는 논증을 보여준다.

Yamauchi, Edwin M. "The Curse of Ham," *CTR* n.s. 6/2(2009): 45-60.

함의 저주에 관한 매우 상세한 토론을 소개하고 있으며 무엇보다도 노예제도를 정당화하기 위해 함의 저주가 어떻게 오용되었는지를 심층적으로 분석하는 의미 있는 논문이다.

4장

애굽의 종살이,
아브라함의 제사 탓인가?

아브람이 그 모든 것을 가져다가
그 중간을 쪼개고 그 쪼갠 것을 마주 대하여 놓고
그 새는 쪼개지 아니하였으며
솔개가 그 사체 위에 내릴 때에는
아브람이 쫓았더라
해 질 때에 아브람에게 깊은 잠이 임하고
큰 흑암과 두려움이 그에게 임하였더니
여호와께서 아브람에게 이르시되
너는 반드시 알라 네 자손이 이방에서 객이 되어
그들을 섬기겠고 그들은 사백 년 동안
네 자손을 괴롭히리니 그들이 섬기는 나라를
내가 징벌할지며 그 후에 네 자손이
큰 재물을 이끌고 나오리라

창세기 15:10-14

한국의 문화는 제사의 문화라 해도 과언이 아니다. 왜냐하면 일 년에 큰 명절이나 혹은 돌아가신 부모님의 기일이 되면 언제나 제사에 정성을 쏟기 때문이다. 특히 제사를 지내는 사람들은 누구나 제사를 위한 정해진 절차를 매우 중요시 여기며 혹여나 절차를 어겨 부정 타는 일이 발생하지 않도록 매우 주의를 기울인다. 주로 이런 제사 문화는 제사의 정성이 후손들의 복과 관련이 있다는 사고에 기인한다. 후손들이 잘되고 성공하려면 무엇보다도 제사에 정성을 들여야 한다고 믿는 것이다. 안타깝게도 이와 같은 미신적 사고와 유사한 형태가 그리스도인들의 잘못된 성경읽기에 나타나곤 한다.

가령 어떤 목회자들은 예배를 올바로 드리지 않으면 자식들이 복을 받지 못하며, 정성을 다해 예배를 드릴 때 자식들이 성공한다고 목소리를 높인다. 특히 이런 목회자들이 자신의 견해를 뒷받침하기 위해 가장 많이 사용하는 본문이 바로 창세기 15:10-14이다. 이 본문에는 아브라함의 제사가 중점적으로 소개된다. 여기서 아브라함은 제물들을 모두 중간으로 쪼개는 반면, 새는 쪼개지 않고 하나님께 바친다. 그후 아브라함은 자신의 자손들이 400년간 애굽의 객이 될 것이라는 하나님의 말씀을 듣는다. 언뜻 이 본문을 읽다보면, 아브라함이 새를 쪼개지 않고 제사를 드린 후에 곧이어 자손들의 애굽의 종살이에 관한 말씀이 등장하기 때문에 아브라함의 제사가 애굽의 종살이와 직접적으로 연관된 것처럼 보인다. 그리하여 이런 목회자들은 아브라함이 새를 쪼개어 제물로 바치지 않았기 때문에 그의 후손들이 애굽의 종살이를 경험하게 되었다고 해석하면서 예배의 중요성을 역설하곤 한다.

그러나 애굽의 종살이가 아브라함의 부주의한 제사 때문인가? 과연 본문의 문맥은 이런 해석을 지지하는가? 창세기 15:10-14의 전후 문맥은 오히려 애굽의 종살이의 이유가 아브라함의 제사와 무관함을 밝힌다. 그렇다면 창세기 15:10-14의 문맥이 밝히는 애굽의 종살이의 이유는 무엇인가?

■■
문맥으로 관찰하기

창세기 15장은 창세기 12장에 이어서 하나님께서 아브라함과 언약을 맺는 장면을 소개한다. 창세기 15장의 언약이 12장과 구별되는 것은 애굽의 종살이에 관한 언급이 등장한다는 점이다. 하나님은 12장에서 아브라함에게 그의 후손들이 가나안 땅을 차지하게 될 것이라고 약속하셨다. 나아가 하나님은 15장에서 아브라함의 후손들이 언제 가나안 땅을 소유하게 될 것인지를 더욱 구체적으로 알려주신다. 하나님은 아브라함의 후손들이 400년간 애굽의 종살이를 경험한 후에 가나안 땅을 차지할 것이라고 약속하신다.

그렇다면 왜 아브라함의 후손들이 곧바로 가나안 땅에 들어가지 못하고 400년간의 세월을 지내야하는가? 창세기 15장 전체의 문맥을 살펴보면 그 이유는 분명해진다. 하나님은 제사를 드린 아브라함을 향해 그의 후손들이 애굽에서 종살이를 할 것이라고 말씀하신 후 16절에서 그 이유를 다음과 같이 말씀하신다.

> 네 자손은 사대 만에 이 땅으로 돌아오리니 이는 아모리 족속의 죄악이 아직 가득 차지 아니함이니라 하시더니

아브라함의 자손들이 400년간 애굽의 종살이를 해야 하는 이유는 아직 가나안 땅을 점령할 때가 아니었기 때문이다. 더 구체적으로 말하자면, 가나안에 거하는 아모리 사람들의 죄가 하나님이 보시기에 가장 극심한 상태가 아니었기 때문이다. 여기서 아브라함의 후손들이 가나안 땅에 들어가는 행위는 가나안 거민들의 죄에 대한 심판의 형식을 취한다고 볼 수 있다.

그러므로 창세기 15장에 나타난 아브라함의 언약은 하나님께서 400년 후 가나안 거민들의 죄가 가장 심각해 질

때 애굽의 이스라엘을 통해 가나안 족속들을 심판하고 그 땅을 이스라엘에게 허락하실 것임을 강조하고 있는 것이다. 하나님은 창세기 12장에서 아브라함에게 가나안 땅을 그의 후손들에게 줄 것이라고 약속하셨고 창세기 15장에서는 그 구체적인 시기와 목적을 밝혀주신다. 그러므로 애굽의 종살이를 아브라함의 제사 탓으로 설명하는 해석은 창세기 15장의 문맥을 전혀 고려하지 않은 부주의한 성경읽기에서 비롯된 것이다.

■ ■
문맥에 뿌리내린 적용

아브라함이 새를 쪼개지 않은 행위는 제사의 규정 위반과는 상관이 없다. 새와 같이 제물의 크기가 작을 때 굳이 제물의 몸을 자르지 않는 제사의 규례도 있음을 감안해 볼 때(참조, 레 1:17), 새를 쪼개지 않은 아브라함의 행위를 문제 삼는 것은 적절하지 않다. 오히려 창세기 15장의 언약은 창세기 12장에 약속된 아브라함 언약이 어떻게 구체적으로 성취될 것인지를 확증해 준다. 실로 하나님께서 아브라함 후손들에게 가나안 땅을 허락지 아니하시고 400년간 애굽으로 보낸 이유는 아직 가나안 거민들의 죄를 심판할 때가 아니었기 때문이다. 그러므로 창세기 15장에 등장하는 아브라함의 언약을 설교하는 목회자들은 아브라함의 제사를 애굽의 종살이의 원인으로 해석하지 않도록 주의해야 할 것이다.

나아가 창세기 15:10-14에 등장하는 가나안 정복에 대한 약속은 여리고 성 전투와 정복을 해석하는데 매우 중요한 해석학적 열쇠를 제공한다. 종종 목회자들은 가나안 정복 특히 여리고 성 전투를 해석하고 적용할 때, "여리고"를 극복해야 할 장애물로 적용하는 경우들이 있다. 예를 들면, "여리고"는 종종 "불신"이나 "염려" 혹은 "걱정거리"와 같은 극복해야 할 장애물로 적용된다. 그러나 "여리고"는 우리의 "장애물"로 해석되어서는 안 된다. 그것은 창 15:10-14에 예고된 이스라엘을 향한 하나님의 약속의 성취적 관점으로 해석되어야 한다. 캐롤 카미스키는 여리고 성의 잘못된 적용에 대해 다음과 같은 올바른 평가를 내린다.

여리고 성벽은 무너져 내렸지만 하나님은 우리의 "벽"도 무너져 내릴 것이라고 약속하지 않으셨다. 또 본문에는 우리가 이 이야기를 이런 식으로 우리 자신에게 적용해야한다는 어떤 암시도 없다. 첫째, 개인화라고 불리는 이러한 석의적 오류는 이야기의 주된 요점을 우리에게 적용하는데 있다고 전제한다. 둘째, 이 이야기를 이런 식으로 적용하는 것은 풍유화를 가져온다. 다시 말해서, "문자적인" 여리고 성벽을 우리의 장애물과 연계시키는 풍유적 방식으로 해석하게 된다는 것이다. 그러나 이 이야기는 결코 이런 방식으로 해석하도록 의도된 것이 아니다. 이런 접근법의 위험성은 하나님이 우리에게 약속하지 않은 것을 약속하셨다고 전제하는 것이다.[13]

실로 여리고 전투는 창세기 15:10-14에 예고된 하나님의 약속의 첫 성취사건으로서의 중요한 의미를 지닌다. 그러므로 목회자들이 "여리고의 벽"을 곧바로 "우리의 장애물"로 적용하게 되면, 성경의 큰 문맥 속에서 여리고 성의 멸망을 창세기 15:10-14의 약속의 성취로 보지 못하고 너무 쉽게 주관적인 적용의 함정에 빠지는 우를 범할 수 있다. 그러므로 여리고 전투를 설교하는 목회자들은 우리의 장애물을 어떻게 극복해야 하는가의 문제보다는 창세기 15:10-14에 예고된 이스라엘을 향한 하나님의 약속이 어떻게 극적으로 성취되고 있는지를 강조할 수 있어야 할 것이다. 이런 관점에서 볼 때, 창세기 15:10-14의 전후 문맥은 창세기 본문뿐만 아니라 여호수아서에 등장하는 여리고성 전투 이야기를 해석하고 적용하는 중요한 열쇠로 작용하고 있음은 의심의 여지가 없다.

심화학습을
위한
읽을거리

김의원. 『창세기 연구: 문예접근법에 따른 연구』. 서울: 기독교문
서선교회, 2013.
　　창세기에 나타난 언약신학적 관점을 충실히 반영한다. 특히
　　창세기 15장에 등장하는 아브라함의 언약의 특징을 설명하기
　　위해 본문의 문예적 관점과 신학적 논점을 소개한다.

Hamilton, Victor P. *The Book of Genesis: Chapters 1–17*.
NICOT. Grand Rapids: Eerdmans, 1990. 임요한 역. 『창세기 1』.
서울: 부흥과 개혁사, 2016.
　　창세기 15장에 등장하는 아브라함 언약의 특징과 의미를 상세
　　한 설명하는 주석서이다. 구절 단위로 분석하는 저자의 해설
　　은 본문이해를 위해 참고할 만하다.

Mathews, Kenneth A. *Genesis 1–11:26*. New American
Commentary. Nashville: Broadman & Holman Publisher, 1996.
권대영 역. 『창세기 1』. 서울: 부흥과 개혁사, 2018.

창세기 15장의 주석적 작업이 매우 뛰어나다. 창세기 15장에 관한 철저한 주해를 필요로 하는 독자들에 매우 유익한 주석 서이다.

Wenham, Gordon J. *Genesis 1-15*. WBC 1. Waco: Word Books, 1987. 박영호 역. 『창세기 상』. WBC 성경주석시리즈. 서울: 솔로몬, 2001.
창세기 15장의 논점, 주해 및 핵심 단어들을 명료하게 설명한다. 창세기 15장에 등장하는 아브라함의 언약을 이해하는데 유익한 논의들을 제공한다.

5장

소제의 의미는
무엇인가?[14]

누구든지 소제의 예물을 여호와께 드리려거든
고운 가루로 예물을 삼아 그 위에 기름을 붓고
또 그 위에 유향을 놓아 아론의 자손 제사장들에게로
가져갈 것이요 제사장은 그 고운 가루 한 움큼과 기름과
그 모든 유향을 가져다가 기념물로
제단 위에서 불사를지니 이는 화제라
여호와께 향기로운 냄새니라

레위기 2:1-2

일반적으로 성경 일독을 계획하는 성도들에게 소위 넘기 힘든 장애물과도 같은 본문들이 있다. 그 중 제일 먼저 만나는 장애물이 바로 레위기이다. 레위기는 시작부터 다섯 가지 제사들을 소개하며, 각각의 제사의 구체적인 방법과 의식절차를 상세히 나열한다. 이런 복잡한 의식절차를 처음부터 접하는 독자들은 레위기의 의미를 제대로 음미할 수 있는 여유를 갖지 못한다. 그러나 조금 더 시간을 천천히 갖고 레위기에 나타난 하나님의 목적과 의도를 파악하게 되면, 레위기는 매우 심오하고도 감동적인 은혜의 말씀으로 다가온다.

특히 레위기는 첫 시작부터 이스라엘의 대표적인 다섯

가지 제사(번제, 소제, 화목제, 속죄제 및 속건제)를 집중적으로 다루는데, 이 다섯 가지 제사 가운데 매우 흥미로운 점이 보인다. 히브리어로 "민하"로 표현되는 소제는 오직 곡물만을 제물로 바치기 때문에 짐승을 제물로 바치는 다른 제사들과는 확연히 구별된다. 그럼에도 불구하고 레위기를 읽는 독자들은 짐승 제물을 다루는 제사에만 집중한 나머지 곡물로 드리는 이 소제의 의미를 간과하는 우를 범하기도 한다. 실제로 구약에서 소제가 자주 등장함에도 불구하고 독자들은 소제에 관심을 기울이지 않는 경향이 있다. 아마도 피의 제사에 익숙한 독자들에게 곡물로 드리는 소제는 그다지 가치 있게 취급되지 않는 것 같다. 그러나 곡물로 드리는 소제는 짐승으로 드리는 다른 어느 제사들만큼이나 중요하고 그 의미 또한 남다르다. 실로 소제의 목적과 그 기능을 알지 못하면, 구약의 제사에 담긴 온전한 이해에 도달하지 못한다고 해도 과언이 아니다. 그렇다면 구약의 제사 가운데 소제의 독특한 기능과 그 의미는 무엇인가? 또한 이 소제는 현대의 그리스도인들에게 어떤 함의들을 갖게 하는가? 이런 질문들의 해답의 열쇠는 오직 레위기 2장의 문맥에 있다.

■■
문맥으로 관찰하기

소제의 특징

레위기 2장의 문맥은 시작부터 다른 제사와 구별되는 소제만의 독특한 특징들을 소개한다. 첫째, 소제는 다른 제사와는 달리 소제의 제물을 기념물로 소개한다.

> 누구든지 소제의 예물을 여호와께 드리려거든 고운 가루로 예물을 삼아 그 위에 기름을 붓고, 또 그 위에 유향을 놓아 아론의 자손 제사장들에게로 가져갈 것이요, 제사장은 그 고운 가루 한 움큼과 기름과 그 모든 유향을 가져다가 기념물로 제단 위에서 불사를지니 이는 화제라. 여호와께 향기로운 냄새니라(레 2:1-2)

"기념물"이라는 히브리어 "아즈카라"는 "기억하다"라는 뜻의 히브리어 동사 "자카르"와 연관이 있다. 즉, 소제의 제물은 제사 드리는 자로 하여금 중요한 사실을 기억하도록 만든다. 그렇다면 소제의 제물은 무엇을 기억하도록 만드는 것인가? 소제의 제물은 이스라엘의 진정한 주인이 누구인지를 항상 일깨워준다. 소제 곧 "민하"는 주인께 바치는 "조공"

혹은 "선물"을 의미한다. 고대 근동 시대에 거대한 제국을 지배하는 대왕은 그의 통치 아래에 있는 신하로부터 조공을 받았다. 그런데 이 조공은 단순한 선물이 아니라 주종관계를 보여주는 성격을 가지고 있었다. 조공을 바치는 자는 조공을 받는 자에게 충성과 헌신을 다짐할 뿐 아니라, 그를 자신의 주인으로 인정하고 고백했다. 예를 들면, 열왕기상 4:21은 식민지 국가들로부터 조공을 받는 솔로몬의 통치 시대를 잘 소개한다.

> 솔로몬이 그 강에서부터 블레셋 사람의 땅에 이르기까지 와 애굽 지경에 미치기까지의 모든 나라를 다스리므로 솔로 몬이 사는 동안에 그 나라들이 조공을 바쳐 섬겼더라(왕상 4:21)

그러므로 조공을 바치는 행위는 조공을 받는 자의 주인 됨Lordship을 인정하고 그 주인을 향한 전적인 헌신과 충성을 표시한다. 이스라엘이 소제를 통해 여호와께 "조공"을 바치는 의식은 여호와를 그들의 주인으로 고백하며 그를 향한 온전한 섬김과 헌신을 다짐하는 행위였던 것이다.

둘째, 소제가 다른 제사들과 구별되는 또 다른 특징은 무엇인가? 소제의 제물에는 다른 제사와는 달리, 반드시 소금이 추가되었다. 소금은 여러 가지 특징이 있지만, 가장 중요한 것은 바로 부패를 방지하고 현 상태를 계속 유지시켜준다는 점이다. 특히 레위기 본문은 이 소금을 "언약의 소금"이라고 규정한다(2:13). 그러므로 소제의 제물에 소금을 넣는다는 것은 하나님과 맺은 언약에 대한 성실성을 강조한다. 즉, 제사를 드리는 자는 자신이 하나님과 언약 관계에 있음을 늘 기억하며, 그 언약을 끝까지 저버리지 않고 지켜야만 한다는 것을 계속해서 상기하는 것이다. 이스라엘이 여호와를 주인으로 인정하고 있음을 어떻게 알 수 있는가? 주인에 대한 충성 여부는 주인의 말씀에 대한 충성 여부에 달려 있다. 이스라엘이 여호와를 주인으로 인정한다면 반드시 여호와의 말씀에 순종하는 삶으로 반응해야 한다. 그래서 레위기의 저자는 이 소금을 "언약의 소금"이라고 부른 것이다. 이스라엘은 소제의 제물에 소금을 넣으면서 하나님의 말씀에 철저히 순종함으로써 언약 백성으로서의 역할과 의무를 늘 준수해야 함을 깨달을 수 있었다.

문맥을 통해서 본 소제의 의미

이처럼 레위기 2장 전체의 문맥에서 소제가 전달하는 신학적 의미는 분명하다. 소제는 그리스도인들에게 누가 진정한 주인인지를 되돌아보게 하며, 소유권에 대한 인식의 전환을 촉구한다. 타락 전과 타락 후의 상태 가운데 가장 큰 차이는 무엇인가? 그것은 바로 소유권에 대한 인식의 변질이다. 타락 전 창조질서 속에서 인류는 오직 여호와만을 주인으로 섬기며, 그분만을 소유의 주체로 인식하였다. 그러나 타락 후 인류는 여호와가 아닌, 인간 자신을 소유의 주체로 변질시켰다. 그러므로 이스라엘이 여호와를 주인으로 고백하는 것은 이스라엘 공동체 가운데 창조질서의 회복이 이루어지고 있음을 의미한다. 이스라엘은 거룩한 백성으로 부름을 받았다 (출 19:6). 거룩한 백성으로 부름을 받았다는 것은 이방인들과 구별된 그들의 정체성을 강조한다. 그렇다면 이스라엘과 이방인의 삶의 방식 가운데 가장 큰 차이는 무엇인가? 그것은 바로 소유의 주체가 누구인지에 있다. 이방인들의 우상숭배는 궁극적으로 소출을 더 소유하고픈 그들의 욕망의 결과물이다. 반면에 이스라엘은 첫 소출을 여호와께 바침으로써 그분만을 주인으로 인정하였다.

예를 들면 소제의 의식 가운데 첫 이삭을 바치는 행위는 여호와의 주인되심을 더욱 강조한다. "너는 첫 이삭의 소제를 여호와께 드리거든 첫 이삭을 볶아 찧은 것으로 네 소제를 삼되"(레 2:14). 소제를 드릴 때, 이스라엘은 첫 추수의 곡식을 그 제물로 선택했다. 왜 이 첫 열매를 하나님께 드리는 것일까? 첫 열매를 드리는 것은 출애굽의 구원과 가나안 땅의 안식을 기억하는 감사의 고백적 의미가 담겨 있다. 이스라엘은 추수의 첫 열매를 소제의 제물로 바칠 때, 이 열매를 거둘 수 있었던 그 땅이 누구로부터 온 것인지를 늘 기억하고자 했다. 이스라엘은 이 열매를 어디서 얻게 된 것인가? 하나님께서 주신 땅에서 얻은 것이다. 하나님의 땅에서 얻게 된 열매이므로, 이 열매의 주인은 바로 하나님이시다. 신명기 26:9-10은 이 점을 분명히 밝힌다.

> 여호와께서 강한 손과 편 팔과 큰 위엄과 이적과 기사로 우리를 애굽에서 인도하여 내시고 이곳으로 인도하사 이 땅 곧 젖과 꿀이 흐르는 땅을 주셨나이다 여호와여 이제 내가 주께서 내게 주신 토지소산의 맏물을 가져왔나이다 하고 너는 그것을 네 하나님 여호와 앞에 두고 네 하나님 여호와 앞에 경배할 것이며(신 26:8-10)

이스라엘이 소제를 드리는 목적은 더 많은 소출을 얻기 위해서가 아니라, 그들의 주인이 누구인지를 분명히 고백하기 위해서였다. 그리하여 그들이 지금 누리고 있는 혜택들이 모두 그들의 주인에게 받은 것임을 기억하며 그의 은혜에 감사로 반응하기 위해서였다. 결론적으로 소제는 오직 여호와만을 주인으로 인정하는 이스라엘의 신앙 고백적 의미를 강조한다.

■ ■

문맥에 뿌리내린 적용

오늘날 그리스도인들은 예수 그리스도를 "주님Lord"으로 부르며 고백한다. 예수 그리스도를 "주"로 믿는다는 것은 무엇을 의미하는가? 그것은 바로 소유권에 대한 인식의 전환을 의미한다. 죄와 사망의 종노릇할 때 인류는 스스로를 주인으로 여기며 소유욕의 노예가 된다. 그러나 예수 그리스도의 구속의 은혜로 죄와 사망에서 벗어날 때, 우리는 비로소 누가 참 주인인지를 깨닫게 되며, 자신의 삶의 전 영역에서 그분을 주인으로 인정하게 된다.

오늘 우리 교회에서 일어나는 숱한 문제들은 근본적으로 소유권에 대한 인식의 부재에서 비롯된 것이다. 왜 비민주적 절차를 강행하면서 불법적 세습이나 불투명한 재정을 감행하는가? 그것은 교회의 주인이 누구인지를 망각한 결과다. 옛 이스라엘이 소제를 통해 항상 여호와의 주인 되심을 기억했듯이, 현대의 그리스도인들도 예수 그리스도를 주로 고백하며 예배할 때마다 그의 주인 되심을 기억하며, 삶의 전 영역에서 그의 소유권을 인정해야 할 것이다. 이것이야말로 우리가 귀담아듣고 적용해야 할 소제의 의미다.

그러므로 레위기의 제사를 접하는 독자들은 짐승의 피를 중요시하는 제사뿐만 아니라 곡식으로 드리는 소제의 의미와 그 중요성도 함께 강조해야 한다. 그리하여 소제의 메시지를 통해 예수 그리스도의 주인 되심을 선포함으로써 그리스도인의 모든 영역가운데 하나님의 주권과 통치가 나타나기를 기도해야 할 것이다.

김경열. 『레위기의 신학과 해석』. 서울: 새물결플러스, 2016.
레위기의 중요한 논점을 매우 핵심적으로 정리한 책이다. 소
제의 적용을 감사의 관점으로 제시한다.

김의원. 『레위기 주석: 제사장 나라의 성결 설계도』. 서울: 기독교
문서선교회, 2013.
레위기의 구조와 본문분석을 충실히 제공하는 주석서이다.
소제에 관련된 논의도 참고할 만하다.

김중은. 『거룩한 길 다니라: 설교를 위한 레위기 연구』. 서울: 한국
성서학연구소, 2001.
주석서 형식보다는 목회 실천적 관점을 제시하는 책이다. 소
제에 대한 적용도 유익한 관점을 제공한다.

Hartely, John E. *Leviticus*. WBC 4. Dallas: Word Books, 1992.
김경열 역. 『레위기』. 서울: 솔로몬, 2005.

복음주의적 입장을 취하면서도 학문적 논의도 빠뜨리지 않는 주석서이다. 소제를 다루는 부분도 소제의 의미를 이해하는 데 큰 도움을 준다.

Ross, Allen P. *Holiness to the Lord*. Grand Rapids: Baker Academic, 2006. 김창동 역.『거룩과 동행』. 서울: 디모데, 2009.
주석서의 형식보다는 주해와 적용을 목적으로 하는 책이다. 특히 소제의 의미와 적용을 다루는 부분은 가장 돋보인다. 적용에 관심이 있는 독자들에게 적극 추천할 만하다.

Sklar, Jay. *Leviticus*. Tyndale Old Testament Commentaries. Downers Grove: InterVarsity Press, 2014.
간결하게 저술되었지만 본문의 핵심을 정확히 분석하는 책이다. 레위기 연구를 위해 적극 추천할만한 주석이다. 소제에 대한 분석도 매우 유익하다.

Wenham, Gordon J. *The Book of Leviticus*. NICOT. Grand Rapids: Eerdmans, 1979. 김귀탁 역.『레위기』. 서울: 부흥과 개혁사, 2014.
전문적이고 학술적인 논증이나 토론은 다소 부족하지만 본문의 핵심을 파악하고 적용하는데 필요한 책이다. 레위기 연구의 교과서로 적극 추천할만한 책이다. 소제의 의미의 핵심과

그 적용점도 제공한다. 특히 신약과의 연관성을 고찰하는 저
자의 노력이 엿보인다.

6장

나답과 아비후는
왜 급사했는가?

아론의 아들 나답과 아비후가 각기 향로를 가져다가
여호와께서 명령하시지 아니하신 다른 불을 담아
여호와 앞에 분향하였더니 불이 여호와 앞에서 나와
그들을 삼키매 그들이 여호와 앞에서 죽은지라
레위기 10:1-2

ㅡ

성경을 지나치게 자기 멋대로 설교하는 목회자들이 잘못 사
용하는 본문들 가운데 하나가 바로 나답과 아비후의 죽음을
다루는 레위기 10:1-2이다. 심지어 어떤 몰상식한 목회자는
이 본문을 들어 예배를 제대로 드리지 못하면 하나님의 심판
을 당할 수 있다는 협박성 메시지를 전하기도 한다. 물론 나
답과 아비후의 죽음이 예배와 관련이 있는 것은 맞지만 이
본문을 이런 식의 억지 적용으로 성도들을 겁박하는 것은 매
우 유감스런 일이다. 이와 같은 잘못된 적용을 경계하고 교
정하기 위해서라도 레위기 10:1-2에 등장하는 나답과 아비
후의 죽음의 의미는 레위기 1-10장의 문맥 속에서 정확하게

해석되어야 한다.

그럼에도 불구하고 레위기 10장 안에서 나답과 아비후의 급작스런 죽음의 이유를 찾기란 그리 쉽지 않아 보인다. 이런 본문의 모호성은 독자들의 본문 이해를 더욱 어렵게 만든다. 본문에 등장하는 나답과 아비후는 대제사장 아론의 아들로서 제사장으로서의 직무를 수행하는 자들이었다. 그런데 대제사장 아론이 처음으로 제사를 집행하는 날, 그들은 하나님의 진노를 받아 죽음을 맞게 된다. 이와 같은 나답과 아비후의 급사는 매우 이례적이다. 보통 하나님께서 심판하실 때에는 미리 경고의 메시지를 보내신다. 그러나 이들의 경우에는 이런 경고의 메시지가 전혀 나타나지 않는다.

왜 하나님은 경고도 없이 나답과 아비후를 즉각적으로 심판하셨을까? 아마도 나답과 아비후에게 임한 하나님의 심판은 이들이 행한 잘못의 심각성과 깊은 관련이 있을 것이다. 그렇다면 하나님의 노여움을 받아 즉시 목숨을 잃게 된 나답과 아비후의 잘못은 무엇인가? 왜 하나님은 그들의 목숨을 즉각적으로 취하신 것인가? 나답과 아비후의 죽음의 이유는 레위기 1-10장의 문맥을 충분히 숙독하고 관찰할 때 비로소 드러나게 된다. 여기서 우리는 먼저 문맥을 통해 드러나는 나답과 아비후의 잘못을 파악한 후, 그들을 향한 하나님의 즉각적인 심판의 이유를 살펴볼 것이다.

■ ■

문맥으로 관찰하기

나답과 아비후의 죄

나답과 아비후가 하나님의 진노를 사게 된 원인은 레위기 10:1에 암시되어 있다.

> 아론의 아들 나답과 아비후가 각기 향로를 가져다가 여호와 께서 명령하시지 아니하신 다른 불을 담아 여호와 앞에 분 향하였더니

나답과 아비후는 "여호와께서 명령하시지 아니하신 다른 불"을 사용함으로 말미암아 죽음을 맞이하게 된다. 그렇다면 레위기 10:1에 등장하는 "여호와께서 명령하시지 아니하신 다른 불"은 어떤 불을 가리키는가? 어떤 이들은 나답과 아비후가 사용한 불이 이방인들의 우상숭배에 사용된 불이었다고 주장한다. 만약 나답과 아비후의 행위가 우상숭배의 한 과정이었다면, 그들의 죽음은 우상숭배에 대한 하나님의 준엄한 심판으로 이해될 수 있다. 그러나 본문은 "다른 불"이라고만 언급할 뿐, 이 다른 불의 출처를 전혀 밝히지 않는다. 그러므로 나답과 아비후가 사용한 불을 우상숭배의 행위

로 단정 짓는 것은 무리가 따른다.

이 불의 정체를 파악하기 위해서는 레위기 10:1의 이전 문맥을 살펴볼 필요가 있다. 레위기 10장의 선행 본문인 레위기 9장에서 여호와의 불이 등장하고 있음은 주목해 볼만 하다. 레위기 9:24은 다음과 같은 여호와의 불을 소개 한다: "불이 여호와 앞에서 나와 제단 위의 번제물과 기름을 사른지라 온 백성이 이를 보고 소리 지르며 엎드렸더라". 레위기 9:24에서 여호와로부터 임한 불이 번제물을 태운 것을 고려해 볼 때, 제사장들은 여호와로부터 임한 그 불을 통해 성막의 번제단에서 불을 피우고 분향을 했을 가능성이 크다.

그렇다면 레위기 10:1에서 나답과 아비후가 사용한 이 불은 레위기 9:24에 소개되는 불과 다른 것임을 짐작할 수 있다. 아마도 본문의 문맥은 나답과 아비후가 분향을 위해 레위기 9:24의 불과 다른 것을 사용했음을 시사하고 있다. 다시 말해 나답과 아비후가 사용한 "다른 불"은 제사를 위해 규정되어진 불이 아니라 "인가받지 않은 불"을 의미한다. 제사장들이 제사를 위해 사용할 수 있는 불은 이미 정해져 있었는데, 나답과 아비후는 이런 규정을 완전히 무시하고 말았던 것이다.

나답과 아비후에게 임한 심판의 즉각성과 그 이유

나답과 아비후에게 즉각적으로 임한 심판과 그 이유는 레위기 10장의 전후문맥을 통해 확연히 드러난다. 레위기 1-7장은 대표적인 다섯 제사들의 특징과 구체적인 규정들을 상세히 제공한다. 그 다음 레위기 8-9장은 아론과 그의 아들들의 대제사장직 위임을 집중적으로 다룬다. 이것은 이스라엘 공동체 가운데 제사의 중요성과 그 제사를 집행할 대제사장의 임무와 역할을 강조한다. 특히 레위기 1-7장에서 강조되는 제사의 독보적 기능과 중요성을 감안해 볼 때, 레위기 8-9장에서 부각되는 제사장의 위치는 일반 백성들과는 구별될 수밖에 없다. 제사장이 입는 의복의 종류들과 특별한 제조과정은 제사장이 평민들과 얼마나 구별되고 있는지를 잘 보여준다. 레위기 1-7장은 이스라엘의 죄와 부정함이 제사라는 의식을 통해 해결됨을 강조하지만, 궁극적으로 이와 같은 제사의 의식은 레위기 8-9장이 소개하는 제사장의 역할을 통해 이루어진다.

그러므로 레위기 8-9장은 성막의 제사를 전적으로 책임지고 있는 제사장의 행동 하나 하나가 결코 가벼이 취급될 수 없었음을 시사해준다. 또한 이스라엘 사회 속에서 성막의 제사를 맡은 제사장이 여호와의 규정을 깨뜨리고 계명을 가벼이 여기는 일은 결코 용납될 수 없음을 암시하고 있다. 만약 그와 같은 불법적 행위가 발생한다면, 성막의 제사의 기능은 올바로 작동할 수 없으며, 결국은 심각한 언약적 단절의 위기를 초래할 수 있었다.

이와 같은 본문의 문맥의 흐름을 고려해 볼 때, 위임식 이후 첫 제사의식에서 발생한 나답과 아비후의 불법 행위들은 처음 수행되는 제사장직이 시작부터 심각한 위기를 맞게 됨을 의미한다. 하나님께서 제사의 규정을 따르지 않는 나답과 아비후를 즉각적으로 심판하지 않았다면, 아론의 자식들은 시작부터 제사장으로서의 책임과 의무를 올바로 깨닫지 못했을 것이다. 아마도 독자들의 눈에는 이와 같은 하나님의 즉각적인 반응이 너무 가혹하게 비춰질 수 있을 것이다. 그러나 레위기 1-9장의 문맥에서 강조되는 제사의 의미와 제사장직의 중요성을 감안해 볼 때, 첫 제사에서 발생한 나답과 아비후의 불법적 행위는 시작부터 제사장직의 역할을 단숨에 무너뜨리는 위기를 초래할 수 있었다. 그러므로 이러한 문맥의 흐름을 고려해 볼 때, 나답과 아비후를 향한 하나님의 즉각적인 심판은 충분히 납득할 만 한 일이다.

신약에서도 이런 갑작스런 죽음이 등장한다. 사도행전 5장에서 아나니아와 삽비라 부부는 자신의 소유의 일부를 숨기고 전부를 판 것처럼 속여서 자신의 재산을 바쳤다. 베드로는 이런 속임수가 이제 막 시작된 신앙 공동체의 거룩성과 정체성을 무너뜨릴 수 있다고 판단하였고, 하나님은 이런 위기의 순간에 즉각적으로 간섭하셔서 이들의 목숨을 거두어가셨다. 물론 나답과 아비후의 죽음과 아나니아와 삽비라의 죽음을 동일한 관점으로 적용하는 것은 적절치 않다. 나답과 아비후의 죽음은 제사장의 직무와 관련이 있는 반면, 아나니아와 삽비라의 죽음은 하나님께 바친 헌물의 정직성과 연관이 있다. 그러므로 서로 다른 배경과 이유에서 발생한 이 두 부류의 죽음을 일방적으로 동일하게 적용하는 일은 삼가야 한다. 그럼에도 불구하고 나답과 아비후의 죽음과 아나니아와 삽비라의 죽음은 공동체의 존립과 질서를 파괴할 수 있는 심각한 위기의 순간에 개입하신 하나님의 심판의 한 방식이라는 점에서는 유사성을 갖는다.

■ ■
문맥에 뿌리내린 적용

아론과 그의 자식들은 제사장으로 구별되어 이스라엘 민족 가운데 가장 특별한 부류의 사람들로 존귀함을 받았다. 그러나 제사장이라는 특별한 직위는 더욱 막중한 책임이 수반된다. 제사장들이 제사집행을 위한 모든 규정을 올바로 지키지 못한다면 그들의 직위는 박탈될 수밖에 없다. 그러므로 아론이 첫 제사장 직무를 수행할 때 발생한 나답과 아비후의 사건은 앞으로 제사장직을 수행할 아론의 후손들에게 존귀한 직분일수록 그에 따르는 책임과 의무가 더욱 무겁다는 점을 일깨워준다. 이런 점에서 나답과 아비후의 심판에 관한 칼빈의 입장을 소개하는 웬함의 진술은 매우 적절하다.

> 만일 우리가 하나님의 예배가 얼마나 거룩한 일인지 반성한다면 형벌이 너무 가혹하다고 기분이 상할 일은 절대로 없을 것이다. 게다가 그들의 종교는 처음부터 엄격히 준수되는 것이 필수적이었다. 왜냐하면 하나님이 아론의 아들들을 처벌하지 않고 그냥 넘어가셨다면 그들은 이후에도 부주의하게 전체 율법을 등한시했을 것이기 때문이다. 이것이 이런 엄격한 처벌의 이유였고, 제사장은 모든 신성모독을 마음 졸이며 살펴야 했다.[15]

그리스도인들은 종종 직분의 권위만을 바라보며 그에 따르는 책임을 망각할 때가 있다. 오늘날 한국 교회의 지도자들이 실패하는 이유가 어디에 있는가? 높은 자리를 차지하기 위해 갖은 노력을 기울이면서도 그 자리에 뒤따르는 책임은 소홀히 여기기 때문이다. 권위는 마음껏 누리되 의무는 하찮게 여기는 자는 더 이상 하나님의 지도자가 아니다. 오히려 그리스도인들은 "무릇 많이 받은 자에게 많이 요구할 것"(눅 12:48)이라는 주님의 말씀을 기억하면서, 많은 직분에 욕심을 내기보다는 어떤 직분이든지 그 직분에 수반되는 책임과 의무를 먼저 인식하며 자신에게 맡겨진 그 직분에 최선을 다하는 자들이 되어야 할 것이다.

심화학습을
위한
읽을거리

김경열. 『레위기의 신학과 해석』. 서울: 새물결플러스, 2016.

　　최근에 출간된 레위기 연구서로서 레위기 전체의 흐름과 의
도를 파악하는데 도움을 준다. 나답과 아비후의 죽음에 관한
토론도 참고할 만하다.

김의원. 『레위기 주석: 제사장 나라의 성결 설계도』. 서울: 기독교
문서선교회, 2013.

　　본 주석서의 장점은 충실한 주석작업과 함께 적절한 신학적
메시지를 제시하고 있다는 점이다. 특히 나답과 아비후의 죽
음에 담긴 메시지를 매우 탁월하게 전달한다.

Hartely, John E. *Leviticus*. WBC 4. Dallas: Word Books, 1992.
김경열 역. 『레위기』. 서울: 솔로몬, 2005.

　　복음주의적 관점을 취하면서도 학문적 토론도 제공하는 중요
한 레위기 주석서이다. 나답과 아비후의 죽음에 관한 유익한
토론을 제공한다.

Mathews, Kenneth A. *Leviticus: Holy God, Holy People.* Preaching the Word. Wheaton: Crossway Books, 2009.

> 설교자를 위한 레위기 강해서이다. 세밀한 주석 작업은 기대할 수 없지만 설교자를 위한 지침서로서의 역할은 충분히 달성하고 있다. 목회자들에게 꼭 필요한 레위기 강해서이다. 나답과 아비후의 죽음에 관한 적용은 참고할 만하다.

Ross, Allen P. *Holiness to the Lord.* Grand Rapids: Baker Academic, 2006. 김창동 역. 『거룩과 동행』. 서울: 디모데, 2009.

> 레위기의 적용에 관심이 있는 독자들에게 꼭 필요한 책이다. 나답과 아비후의 죽음에 관한 적용은 통찰력을 갖는다.

Sklar, Jay. *Leviticus.* Tyndale Old Testament Commentaries. Downers Grove: InterVarsity Press, 2014.

> 최근에 출간된 복음주의 구약학자의 작품으로서 레위기의 의도와 목적을 충실히 설명한다. 나답과 아비후의 죽음에 관한 분석도 참조할 만하다.

Wenham, Gordon J. *The Book of Leviticus.* NICOT. Grand Rapids: Eerdmans, 1979. 김귀탁 역. 『레위기』. 서울: 부흥과 개혁사, 2014.

전문적이고도 학문적인 분석을 제공하지는 않지만 레위기 본문의 이해를 돕는 유익한 토론과 논의들이 제공된다. 나답과 아비후의 죽음에 관한 토론은 매우 설득력을 갖는다.

7장

구약의 음식법은
건강을 위한
지침서인가?

나는 여호와 너희의 하나님이라
내가 거룩하니 너희도 몸을 구별하여 거룩하게 하고
땅에 기는 길짐승으로 말미암아 스스로 더럽히지 말라
나는 너희의 하나님이 되려고 너희를
애굽 땅에서 인도하여 낸 여호와라
내가 거룩하니 너희도 거룩할지어다
이는 짐승과 새와 물에서 움직이는 모든 생물과
땅에 기는 모든 길짐승에 대한 규례니
부정하고 정한 것과 먹을 생물과
먹지 못할 생물을 분별한 것이니라

레위기 11:44-47

───

오래 전 필자는 한국 선교사님들의 구약 강의를 위해 잠시 미국을 방문한 적이 있다. 호텔에 머무르면서 그곳 기독교 방송에서 어느 목사님의 설교를 듣게 되었다. 그는 하나님 께서 우리의 건강한 삶을 위해 레위기 11장의 음식법을 미리 준비하셨다고 주장하면서 베이컨 같은 돼지고기 가공 식품 이 건강에 유익하지 않다는 점을 부각시켰다. 또한 이 설교 를 듣는 성도들은 레위기 11장의 음식법을, 자신들의 건강을 위해 주어진 하나님의 말씀으로 적극적으로 받아들였다. 아 직도 이 교회의 목사님의 설교와 설교집이 많은 성도들에게 읽혀진다고 생각하니 마음이 답답했다.

이런 식의 음식법 이해는 주변에서도 자주 목격할 수 있었다. 몇 년 전 잘 아는 목사님 한 분이 수술을 받으셔서 병문안을 간 적이 있었다. 그런데 그 병원은 입원환자에게 먹어서는 안 되는 음식들을 나열해 주었는데, 환자들마다 다른 금지목록들을 알려주었다. 자신의 금지된 음식목록들을 확인한 이 목사님은 자신이 먹어서는 안 되는 음식들이 대부분 레위기 11장에 등장하는 부정한 식물들과 관련이 있다고 판단하고 레위기 11장이 인간의 건강에 얼마나 중요한지를 다시금 깨닫게 되었다고 감탄하였다. 그러나 필자가 자세히 확인해 보니 돼지고기와 오징어와 같은 연체류를 조심하라는 지침만 있을 뿐이었다. 이 목사님은 돼지고기와 오징어가 레위기 11장에서 부정한 음식으로 규정되어 있기 때문에 자연스럽게 레위기 11장을 건강의 이슈와 연결시켰던 것 같다. 그러나 이 목사님의 적용이 틀렸다는 것은 금방 알 수 있었다. 왜냐하면 옆에 있던 환자의 금지목록에는 닭고기가 있었기 때문이다. 만약 이 병원의 금지음식목록이 레위기 11장의 음식법과 관련이 있다면, 마땅히 정한 음식에 해당하는 닭고기는 금지목록에서 제외되어야 했다. 그러나 닭고기가 금지목록에 있다는 사실은 병원의 금지목록이 레위기 11장의 음식법과는 무관하다는 점을 알려준다.

이처럼 우리는 종종 성경본문의 문맥에 따른 원래의 의

도와 정신을 알지 못한 채 무조건 우리의 상황에 따라 주관적으로 해석하는 우를 범한다. 실제로 필자는 구약의 음식법 관련 본문의 문맥과 그 신학적 의미는 간과한 채 건강의 이슈만으로 본문을 적용하는 목회자들의 성경해석에 적지 않은 충격을 받았다. 구약의 음식법에 대한 이 같은 잘못된 이해는 한국 목회자의 설교에서도 흔히 발견된다. 소위 설교의 전문가로 알려진 어떤 목사님도 레위기 11장의 음식법을 다룰 때 정한 짐승의 특징을 거룩한 백성의 표지와 연결시키는 것을 들은 적이 있다. 이 목사님은 자신의 입장이 알레고리적 해석이 될 수 있지만 본문의 풍성한 적용을 위해서는 어쩔 수 없다고 항변하였다.

일반 성도들이나 목회자들은 그렇다 손치더라도 신학자들 가운데에서도 레위기 11장의 음식법을 엄격히 준수해야 한다는 주장이 제기될 때에는 상황은 더욱 심각해진다. 과연 레위기 11장의 음식법을 오늘날 문자적으로 적용할 수 있을까? 또한 이 본문을 소위 알레고리 해석이라는 접근을 통해 영적으로 적용하는 것은 정당한 것일까? 한국 교회에 널리 퍼져있는 레위기 11장의 음식법에 대한 이 두 가지 잘못된 해석의 문제점을 간단히 살펴보고, 이 음식법의 전후 문맥을 통해 이 규례가 강조하는 올바른 신학적 의미가 무엇인지 살펴보자.

문맥으로 관찰하기

레위기 11장의 음식법은 건강지침서인가?

레위기 11장에 소개되는 부정한 짐승의 목록에는 주로 현대
인의 식재료로 사용되는 것들이 눈에 띈다. 예를 들면 돼지
고기와 낙지 같은 음식들은 오늘 우리의 식단에 빠지지 않는
식재료이지만 레위기 11장의 음식법은 이런 식재료의 사용
을 금지한다. 그렇다면 왜 하나님은 이런 음식을 금지하셨는
가? 앞서 언급했듯이 일부 신학자와 목회자들은 이런 금지
목록이 우리의 건강과 밀접한 연관성이 있다고 해석한다. 이
들은 돼지의 몸에 기생충이 많이 서식하기 때문에 위생적으
로 부적절하다고 주장한다. 또한 갯벌과 맞닿아 살아가는 낙
지 같은 연체동물은 박테리아균에 노출되어 위험하다고 본
다. 그러나 현대의 발달된 위생 처리 기술은 이런 문제를 쉽
게 해결하고 있다. 돼지고기를 완전히 살균하여 기생충을 없
앨 수 있고, 연체동물의 박테리아균도 깨끗하게 살균할 수
있다면, 돼지고기와 낙지는 먹어도 될까? 더욱이 신약의 본
문들은 구약에서 금지한 부정한 음식을 허용하고 있다.

혼인을 금하고 어떤 음식물은 먹지 말라고 할 터이나 음식

물은 하나님이 지으신 바니 믿는 자들과 진리를 아는 자들이 감사함으로 받을 것이니라(딤전 4:3)

레위기 11장의 부정한 짐승들이 건강에 유해하다면 신약에서 이런 짐승의 식용을 허락하고 있음은 설명하기 어렵다.

레위기 11장의 음식법은 알레고리 해석을 위한 말씀인가?

목회자가 본문을 해석하고 적용할 때 쉽게 빠져드는 함정이 바로 알레고리적 해석이다. 알레고리적 해석은 본문의 문맥을 무시한 채 주관적인 적용을 지나치게 강조하는 방식이다. 예를 들면 레위기 11장의 음식법은 정한 짐승과 부정한 짐승을 구별하는 기준으로서 "되새김질"의 유무를 강조한다. 실제로 많은 목회자들이 "되새김질"을 "말씀묵상"으로 적용한다. 되새김질 하지 못하는 돼지는 주로 청결하지 못한 곳에서 자라기 때문에 정결한 하나님의 백성의 상태와는 어울리지 않는 불결함을 상징한다고 본다. 그러나 레위기 11장의 음식법에는 동물의 "되새김질"뿐만 아니라 "굽의 갈라짐", 어류의 "비늘과 지느러미", 조류의 "두 날개와 두 다리"의 유무에 따라 정한 짐승과 부정한 짐승이 나누어진다. 되새김질이 정한 백성의 특징인 "말씀 묵상"을 가리킨다면, 나머지 기준들은 무엇을 상징하는 것인가? 어떤 목회자는 물고기의 지느러미가 하늘을 향하고 있음에 착안하여 하나님만을 향하는 이스라엘의 영적 상태를 의미한다고 주장하기도 한다. 이러한 시도들은 본문의 문맥을 전혀 고려하지 않고 해석자의 주관적인 입장에 따라 마음대로 적용될 수 있는 자의적 해석의 위험성을 그대로 드러내 준다.

문맥을 통해서 본 레위기 11장의 음식법의 목적

음식법을 소개하는 레위기 11장의 문맥을 자세히 들여다보면, 음식법의 목적이 무엇인지 밝혀진다. 특히 레위기 11장의 마지막 부분에 해당하는 44-47절은 음식법의 신학적 의도와 목적을 분명하게 제시한다.

> 나는 여호와 너희의 하나님이라 내가 거룩하니 너희도 몸을 구별하여 거룩하게 하고 땅에 기는 길짐승으로 말미암아 스스로 더럽히지 말라 나는 너희의 하나님이 되려고 너희를 애굽 땅에서 인도하여 낸 여호와라 내가 거룩하니 너희도 거룩할지어다

하나님께서 이스라엘에게 음식법을 주신 것은 이스라엘의 구별됨을 위해서이다. 여기서 "구별"과 "거룩"이 병행을 이루고 있음은 이 두 단어가 동일한 의미를 공유하기 때

문이다. 거룩하신 하나님께서 이스라엘을 거룩한 백성으로 부르신 것은 이스라엘을 부정한 이방인과 구별하기 위함이다.[16]

그러므로 이스라엘의 식사행위는 그들이 누구인가를 나타내 주는 신학적 의미를 함축하고 있는 것이다. 크리스토퍼 라이트Christopher J. H. Wright가 말했듯이, "언약 관계 안에서 거룩한 백성이 되라고 하나님의 부르심을 받은 백성으로서의 이스라엘과 (아직은) 그러한 위치에 있지 않았던 나머지 민족들 사이의 이 근본적인 구별은 정한 동물과 음식물, 부정한 동물과 음식물에 대한 법규들의 복합적인 전체 틀 가운데 상징적으로 반영되어야 했다."[17] 앨런 로스도 말하기를, "음식규례는 부정한 동물은 이방민족과, 정결한 동물은 이스라엘과 연결시킴으로써 이스라엘을 다른 민족들과 구별하기 위해 계획된 것이다."[18] 이처럼 레위기 11장의 음식법의 문맥은 이 음식 규례가 건강의 문제가 아닌, 이방인과 구별된 이스라엘의 정체성을 강조한다.

■ ▇

문맥에 뿌리내린 적용

신약의 저자들은 구약에서 이스라엘과 이방인 사이에 놓여있었던 구분들이 그리스도 안에서 더 이상 존재할 수 없음을 천명한다(엡 2장). 또한 이스라엘과 이방인을 구분 지었던 표지들은 십자가를 통해 폐지되었으며, 예수 그리스도 안에서 이스라엘과 이방인이 하나가 되었음을 선포한다. 이것이야말로 고넬료의 집을 방문하기 전에 환상을 통해 베드로가 얻었던 깨달음이다(행 10:9-15). 오늘날 음식법을 문자적으로 엄격하게 적용하는 것은 불가능하다. 또한 본문의 문맥을 고려하지 않은 주관적인 알레고리적 해석도 적절하지 않다. 오히려 레위기 11장의 음식법은 이방인과 구별되어야 할 이스라엘의 "거룩한 백성"으로서의 정체성을 강조하기에, 이 시대의 불신자들의 삶의 방식과 구별되어야 할 그리스도인들의 정결한 삶의 방식의 중요성을 깨닫게 한다. 그러므로 교회를 향해 레위기의 "거룩"을 강조하는 다음과 같은 베드로의 외침은 매우 적절하다.

> 너희가 순종하는 자식처럼 전에 알지 못할 때에 따르던 너희 사욕을 본받지 말고 오직 너희를 부르신 거룩한 이처럼 너희도 모든 행실에 거룩한 자가 되라 기록되었으되 내가 거룩하니 너희도 거룩할지어다 하셨느니라(벧전 1:14-16)

실로 레위기의 음식법은 우리의 건강을 위해서가 아니라 하나님의 백성의 "거룩", 구별됨을 위해 주신 것이다. 그러므로 레위기의 음식법을 묵상하는 그리스도인들은 옛 이스라엘 백성들이 음식법을 통해 이방인들과 구별되었듯이 자신들의 삶의 방식이 불신자들의 삶의 방식과 구별되도록 자신의 정체성을 나타낼 수 있어야 한다. 이제 구약시대의 음식법은 오늘날 우리들에게 문자적으로 적용되어서는 안 된다. 바울은 구약 음식법의 엄격한 준수가 더 이상 필요하지 않음을 다음과 같이 천명한다.

> 하나님께서 지으신 모든 것이 선하매 감사함으로 받으면 버릴 것이 없나니 하나님의 말씀과 기도로 거룩하여짐이라(딤전 4:4-5)

그러므로 구약의 음식법은 건강을 위한 것도 아니요 알레고리 해석의 영적인 적용을 위한 지침서도 아니다. 오히려 구약의 음식법의 문맥은 불신자들과 구별되어야 할 그리스도인의 거룩한 삶의 방식으로서의 책임과 의무를 상기시킨다. 이것이 바로 레위기의 음식법의 문맥이 강조하는 올바른 신학적 적용이다!

김의원. 『레위기 주석: 제사장 나라의 성결 설계도』. 서울: 기독교
문서선교회, 2013.

레위기 11장의 주석적 연구에 필요한 정보를 제공한다. 특히
음식법에 대한 중요한 논의들을 상세히 소개한다.

Douglas, Mary. *Purity and Danger: An Analysis of Concepts
of Pollution and Taboo*. New York: Routledge, 1966. 유제상 역.
『순수와 위험』. 서울: 현대미학사, 1997.

문화인류학적 관점에서 레위기를 분석하는 탁월한 작품이다.
레위기 11장의 음식법 연구를 위한 필독서 중 하나이다.

_____. "The Forbidden Animals in Leviticus." *JSOT*
59 (1993), 3-23.

문화인류학적 관점에서 음식법의 이슈를 다룬 논문이다. 기
존의 문화인류학적 이론을 좀 더 발전시켜 레위기 음식법 연
구에 적용시킨 가치있는 연구논문이다.

Milgrom, Jacob. *Leviticus: A Book of Ritual and Ethics*. Minneapolis: Fortress Press, 2004.

레위기 연구의 대가 밀그롬의 레위기 주석서이다. 매리 더글라스의 작품과 함께 반드시 읽어야할 레위기 음식법 연구의 필독서이다.

Ross, Allen P. *Holiness to the LORD*. Grand Rapids: Baker, 2002. 김창동 역. 서울: 디 모데, 2009.

레위기의 학문적 토론보다는 설교와 적용을 위한 본문 분석이 매우 뛰어난 작품이다. 특히 레위기 11장의 음식법에 대한 적용은 꼭 참고할 만하다.

Sklar, Jay. *Leviticus*. Tyndale Old Testament Commentaries. Downers Grove: InterVarsity Press, 2014.

레위기에 등장하는 음식법에 관한 최근의 논의들과 아울러 저자의 탁월한 평가가 제시된다.

Wenham, Gordon J. *The Book of Leviticus*. NICOT. Grand Rapids: Eerdmans, 1979, 김귀탁 역. 『레위기』. 서울: 부흥과 개혁사, 2014.

저자는 음식법과 관련하여 문화인류학적 접근을 부분적으로 수용하면서도 자신의 신학적 해석도 함께 상세히 피력한다.

Wright, Christopher J. H. *Old Testament Ethics for the People of God*. Downers Grove: InterVarsity Press, 2004. 김재영 역. 『현대를 위한 구약 윤리』. 서울: IVP, 2006.
　　구약의 윤리에 관해 오랫동안 연구해온 저자의 학문적 결실이다. 레위기 음식법에 관한 적용의 문제도 충실히 다루고 있다.

8장

미리암의 나병 심판은
모세의 잘못을
지적했기 때문인가?

모세가 구스 여자를 취하였더니
그 구스 여자를 취하였으므로
미리암과 아론이 모세를 비방하니라
민수기 12:1

—

몇 년 전 어느 목사님으로부터 연락을 받았다. 이 목사님은
민수기 12장에서 미리암의 심판 원인이 무엇인지 알고 싶다
고 말했다. 이 목사님은 목회자의 잘못을 지적하는 성도들
의 태도를 정죄하기 위한 증거본문으로 민수기 12장의 미리
암 사건을 사용할 수 있다고 우려했다. 이 본문을 언뜻 읽다
보면 미리암의 피부병 심판은 모세의 잘못을 지적한 것과 관
련이 있는 것처럼 보인다. 심지어 어떤 목회자들은 이 본문
을 임의로 사용하여, 자신의 문제를 지적하는 성도를 향해
"주의 종"에게 도전하는 자는 하나님의 심판을 받는다고 겁
박하기도 한다. 다시 말해, 모세가 구스 여인과 결혼한 것을

문제 삼아 모세에게 도전하다가 급기야 하나님의 심판을 받아 나병에 걸리고 만 미리암의 경우를 예로 들면서, 하나님께서 세운 지도자가 비록 잘못을 했더라도 그것을 지적하며 공격하는 행위는 하나님의 저주를 받게 된다고 경고한다.

과연 민수기 12장에 나타나는 미리암의 나병 심판은 모세의 잘못을 지적한 결과 때문일까? 또한 모세가 구스여인을 취한 것은 하나님께 심각한 범죄에 해당하는가? 만약 모세가 구스여인을 아내로 취한 것이 범죄였다면 왜 하나님은 모세를 징계하지 않고 도리어 미리암을 징계하는가? 이런 질문들을 좀 더 주의 깊게 살펴보지 않고 본문의 문맥을 무시한 채 그저 피상적으로 본문을 읽는 태도는 미리암의 나병 심판의 이유를 올바로 이해하기보다는 도리어 왜곡시킬 가능성이 있다. 그러므로 민수기 12장에 등장하는 미리암의 나병 심판을 제대로 파악하려면 모세의 구스 여인과의 결혼이 어떤 성격의 결혼(중혼 혹은 재혼)이며 이 결혼 자체가 정당한 것인지를 먼저 확인해야 하며, 본문의 문맥 속에서 미리암이 행한 잘못이 구체적으로 무엇인지를 규명해야 한다.

모세의 결혼은 중혼인가 재혼인가?

모세가 구스 여인과 결혼한 것에 관해 학자들은 여러 의견을 제시하는데 크게 세 가지로 요약된다. 첫째, 어떤 이들은 모세가 결혼한 구스 여인을 십보라로 간주한다. 이들은 "구스"라는 지명이 십보라의 출신지인 미디안을 의미하며(합 3:7), 궁극적으로 미리암이 모세가 십보라와 결혼한 것 자체를 문제 삼는다고 해석한다. 그러나 미리암이 모세가 십보라와 결혼한 사실을 이제 와서 뒤늦게 문제제기 한다는 것은 설득력이 없어 보인다.

둘째, 일부 학자들은 십보라가 본문에 등장하지 않는다는 점에 주목하면서 모세가 십보라와 결별을 하고 구스 여인과 다시 결혼했을 것이라고 추측한다. 아브라함과 야곱과 같은 구약의 여러 족장들에게 나타나는 일부다처제가 모세에게도 나타났다고 본다. 그러나 출애굽한 후 시내산에서 거룩한 십계명과 율법의 계명을 전달받은 모세가 일부일처를 강조하는 율법의 정신을 어기고 일부다처를 쉽사리 감행했을 가능성은 그리 많지 않다. 또한 십보라에 대한 언급이 없다고 해서 모세가 십보라와 결별했다고 결론짓는 것도 지나친 논리의 비약이다. 요세푸스의 기록Antiquity of Jews, Book 2, chapter 10에 의하면, 모세는 젊은 시절 전쟁을 치르기 위해 에티오피아 지역으로 군사원정을 갔으며, 그 때에 이 여인을 만나서 결혼을 했으나 이 여인을 그 곳에 두고 돌아왔다가 후일에 다시 이 여인을 아내로 맞아들였다고 한다. 그렇다면 십보라는 모세의 둘째 부인이 되며, 이 경우 역시 모세의 일부다처를 암시하기 때문에 쉽게 납득하기 어렵다.

셋째, 혹자는 모세가 십보라의 사망 후 구스 여인과 재혼했을 것이라고 추론한다. 다시 말해 본문에서 십보라가 더 이상 언급되지 않는다는 점은 모세와 십보라의 이혼 혹은 결별보다는 십보라의 사망을 암시하고 있으며, 구스 여인과의 결혼은 매우 자연스러운 재혼의 과정으로 이해될 수 있다는 것이다. 필자는 이 세 가지 의견 가운데 이 마지막 입장이 가장 타당하다고 생각한다.

문맥을 통해서 본 미리암의 문제

모세가 십보라의 사망 후 구스 여인과 재혼을 했다면 미리암이 제기하는 문제의 핵심은 무엇인가? 모세의 재혼 자체가 문제인가 아니면 재혼의 상대가 문제인가? 만약 전 부인과 사별 후 재혼하는 것이라면 결코 문제가 될 수 없었을 것이다. 아마도 미리암은 구스 여인을 재혼의 상대로 받아들인 모세의 선택을 문제 삼았을 수 있다. 그렇다면 왜 재혼의 상대로서 "구스" 출신이 문제가 되는 것인가? 구스 지역은 정확히 지금의 어느 곳을 가리키는지는 불명확하다. 다만 예레미야 13:23은 "구스"라는 지역에 대한 추측을 가능케 한다.

> 구스인이 그의 피부를, 표범이 그의 반점을 변하게 할 수 있느냐 할 수 있을진대 악에 익숙한 너희도 선을 행할 수 있으리라

이 구절에 의하면, "구스"인들의 피부는 분명 이스라엘 백성들과는 확연히 구별된다. 그리하여 영어 성경은 "구스"를 "에티오피아Ethiopian"로 번역한다. 어떤 학자들은 구스 사람을, 피부색이 검은 누비아인Nubians으로 간주하기도 한다. 여하튼 구스 사람은 아마도 이스라엘 백성보다는 피부색이 다소 검은 사람이었던 같다. 이런 이유 때문에 미리암은 모세가 왜 이스라엘 백성과는 다른 피부색을 지닌 이방 여인과 재혼을 했는가에 대해 문제를 제기했을 가능성이 크다. 비록 모세가 피부색이 다른 (혹은 검은) 이방 여인과 재혼했다 하더라도 과연 그것이 문제가 되는가? 이 구스 여인은 아마도 이스라엘이 출애굽 할 당시 이스라엘과 함께 애굽을 떠났던 수많은 이방인 무리들 가운데 한 사람이었을 것이다.

이스라엘 자손이 라암셋을 떠나서 숙곳에 이르니 유아 외에
보행하는 장정이 육십만 가량이요 수많은 잡족과 양과 소와
심히 많은 가축이 그들과 함께 하였으며(출 12:37-38)

이 여인이 이스라엘을 따라 출애굽하여 모세가 믿는 여
호와를 자신의 신으로 받아들였다면, 그녀는 비록 이방여인이
라 할지라도 이스라엘과 동등한 언약 공동체의 회원이 될 수
있었을 것이다. 그녀가 믿음으로 언약 공동체의 회원이 되었
다면, 모세의 재혼은 아무런 문제가 될 수 없다. 구약에서 이
방여인과의 결혼 금지는 이방신을 섬기는 여인과의 결혼을
금지한 것이지 이방 출신의 여인과 결혼을 하지 말라는 뜻
이 아니다. 예를 들면, 룻은 이방 여인임에도 불구하고 여호
와를 믿는 신앙을 선택함으로 인해 이스라엘의 정식 회원으로
인정받았음을 기억할 필요가 있다(룻 1:16). 오히려 피부색과
이방출신을 문제 삼는 미리암의 편협하고 왜곡된 태도가 문제
가 될 수 있다. 나아가 이런 잘못된 시각을 근거로 삼아 모세
의 권위를 흔들고자 했던 미리암의 속내와 본심은 마침내 여
호와 앞에서 노출되며 급기야 하나님의 심판을 불러일으킨다.
　특히 민수기 12:2은 미리암과 아론의 문제의 본질을 들
추어낸다. 미리암과 아론은 하나님께서 모세와만 말씀하시
고 자신들과는 말씀하지 않음에 대한 불만을 토로한다. 그

러므로 모세의 결혼 문제는 피상적인 것이고, 문제의 본질은 모세의 권위에 대한 질투이다. 그리고 그들의 질투는 결국 모세에 대한 도전과 비방으로 표출되었으며, 이런 도전을 위한 명분이 바로 모세의 구스여인과의 결혼이었다. 놀랍게도 민수기 12:3은 구스여인과 결혼한 모세를 "온유함이 지면의 모든 사람보다 더하니라"고 강조한다. 또한 하나님은 모세의 구스여인과의 결혼을 빌미삼아 모세에게 도전했던 미리암을 향해 나병으로 심판하신다. 이와 같은 민수기 12장의 문맥은 모세의 구스 여인과의 결혼이 결코 하나님께 문제가 되지 않음을 암시한다. 만약 구스 여인과의 결혼이 문제가 된다면, 민수기 12장 전체에 나타나는 모세에 대한 긍정적인 표현들은 납득이 불가능해 진다.

■ ■

문맥에 뿌리내린 적용

이상으로 우리는 모세의 구스 여인과의 결혼에 대한 다양한 견해와 아울러 미리암의 문제의 본질이 무엇인지를 살펴보았다. 또한 구스 여인을 아내로 맞아들인 모세의 결혼이 잘못된 것이 아님을 확인하였다. 그러기에 모세가 잘못을 했지만 미리암이 그 잘못을 덮지 못하고 공격했기 때문에 심판을 받았다는 해석은 자칫 지도자의 잘못을 방어해주는 방패막이로 사용할 가능성이 있다. 그러나 민수기 12:1을 근거로 지도자의 잘못을 무조건 덮어주는 태도는 본문의 문맥과 그 의도에서 벗어난다. 나아가 지도자의 잘못에 대해 문제를 제기하는 경우에 대해 민수기 12장의 미리암 사건을 인용하며 그런 태도를 정죄하는 자세는 본문의 의미를 왜곡시키는 것이다.

물론 지도자의 문제를 알게 되었을 때, 먼저 비난과 정죄를 앞세워 비판만을 행하는 일은 바람직하지 않다. 지도자의 문제는 성경적 근거에 의한 교회의 질서에 따라 지혜롭게 처리되어야 하며 부득이한 경우 적절한 처벌이 따라야 한다. 다만 민수기 12장의 미리암 사건을 예로 들면서 지도자의 잘못을 무조건 덮어야 한다는 식의 논리를 펴는 것은 성경적 근거를 상실한다. 하나님의 말씀을 바르게 이해해야 하는 성도들은 지도자의 잘못을 무조건 감싸거나 덮어주기 위해 민수기 12장의 미리암 사건을 오용해서는 안 된다. 오히려 민수기 12장은 모세의 재혼을 빌미로 모세의 권위에 도전하려 했던 미리암의 불신앙의 결과를 부각시킨다. 그러므로 민수기 12장의 미리암의 심판 사건을 읽고 묵상하는 목회자들이나 성도들은 미리암의 나병 심판이 모세의 잘못을 지적했기 때문에 발생한 것이 아님을 기억해야 하며, 이 사건을 빌미로 지도자의 문제를 무조건 덮어주자는 식의 억지 주장을 펴지 않도록 경계해야 할 것이다.

Ashley, Timothy R. *Numbers*. NICOT. Grand Rapids:
Eerdmans, 1993.

보수적인 입장을 견지하는 민수기 주석서이다. 민수기 12장에
대한 유익한 토론을 제공한다.

Budd, Philip J. *Numbers*. WBC 5. Waco: Word Books, 1984.
박신배 역.『민수기』. 서울: 솔로몬, 2004.

복음주의적 입장을 취하되 학문적 논의도 충실히 반영하는
주석서이다. 민수기 12장의 분석은 본문이해에 많은 도움을
준다.

Cole, Dennis R. *Numbers*. New American Commentary.
Nashville: Broadman & Holman Publisher, 2000.

매우 복음주의적인 관점을 제공하는 민수기 주석서이다. 전
문적인 학술적 토론을 지양하되 본문주해를 위한 도움을 주
는 주석서이다. 민수기 12장의 분석도 참고할 만하다.

Duguid, Iain M. Numbers: *God's Presence in the Wilderness*. Preaching the Word. Wheaton: Crossway Books, 2012.

주석서의 형식보다는 강해서의 형식을 취한다. 본문주해를 위해 도움 되는 책이다. 민수기 12장의 분석은 본문의 문맥을 이해하는데 도움을 준다.

Yamauchi, Edwin M. *Africa and the Bible*. Grand Rapids: Baker, 2004.

구스 여인의 정체에 관한 전문적인 토론을 제공한다. 민수기 12장에 등장하는 구스 여인의 정체에 관한 정보를 얻는데 필요한 많은 정보를 제공한다.

Wenham, Gordon J. *Numbers*. Tyndale Old Testament Commentary. Downers Grove: InterVarsity Press, 2008.

복음주의적 관점을 견지하는 민수기 주석서이다. 전문적인 학술적 토론은 지양하되 분문이해에 필요한 토론들을 제공한다. 설교자들에게 유익한 주석서이다. 민수기 12장의 논의도 참고할 만하다.

9장

모든 가난은
불신앙의
결과인가?

네가 만일 네 하나님 여호와의 말씀만 듣고
내가 오늘 네게 내리는 그 명령을 다 지켜 행하면
네 하나님 여호와께서 네게 기업으로 주신 땅에서
네가 반드시 복을 받으리니
너희 중에 가난한 자가 없으리라

신명기 15:4-5

인간은 누구나 부에 대한 욕구를 지닌다. 이런 현상은 그리스도인들에게도 동일하게 나타난다. 특히 한국 교회에서도 물질에 대한 관심은 남다르다. 최근 선교단체 출신의 한 강사는 하나님의 방식으로 어떻게 물질을 관리해서 물질적 복을 누릴 수 있는지를 강연하고 있고, 많은 이들로부터 호응을 받고 있다. 기독교방송들에서 흘러나오는 숱한 설교들은 하나님의 물질적 축복을 받을 수 있는 다양한 방식들을 집중적으로 조명하곤 한다. 안타깝게도 물질의 의미와 목적 및 올바른 사용에 대한 가르침은 그리 많지 않은 듯하다.

　그러나 성경에서 우리는 부와 물질의 가치와 역할에 대

한 균형 잡힌 지침들을 얼마든지 찾아 볼 수 있다. 결국 우리는 성경에서조차도 우리가 보고 싶은 것만 보고 있는지도 모른다. 성경적 물질관을 바르게 전하는 건강한 책들도 많이 있지만, 그런 내용들이 많은 목회자들이나 성도들에게 그렇게 썩 주목을 받거나 환영을 받지는 못하고 있다는 것 역시 우리의 현실이다.

기복신앙의 폐해들이 한국 교회의 영적 성장을 방해하는 장애물로 작용하는 것은 어제오늘의 일이 아니지만, 이런 잘못된 가르침은 다양한 물질만능주의의 가면을 쓴 채 그것을 복음으로 위장하기까지 한다. 가난은 불신앙의 결과라고 강변하면서 여호와를 신뢰할 때 모든 가난이 물러가고 물질의 복이 주어진다고 큰소리치는 설교자들의 문제는 성경의 말씀에 입각한 한국 교회의 영적인 성장을 여전히 방해하고 있다. 이들은 이런 주장을 뒷받침하기 위해 몇 몇 성경구절들을 인용하는데, 그 대표적인 본문이 바로 신명기 15:4-5이다. 그러나 과연 이 구절은 모든 가난이 불신앙의 결과이며 믿음을 가진 자들이 누리는 물질적 복에 초점을 두고 있을까? 우리는 이 구절의 전후 문맥을 통해 그 의미를 정확히 파악할 필요가 있다.

모든 가난이 불신앙의 결과는 아니다

구약의 저자들은 때때로 물질적 풍부함과 결핍과 관련하여 모순되는 말씀들을 제시하는 것처럼 보인다. 예를 들면, 신명기 15:4-5에서 모세는 이스라엘 백성들이 하나님의 말씀에 순종하면 가난한 자가 없는 물질적 복을 누리게 될 것임을 약속한다. 그러나 모세는 곧이어 이스라엘에게 "가난한 형제"가 있다는 사실을 지적하고(신 15:7), "땅에는 가난한 자가 그치지 아니"할 것이라고까지 강조한다(신 15:11).

네 하나님 여호와께서 네게 주신 땅 어느 성읍에서든지 가난한 형제가 너와 함께 거주하거든 그 가난한 형제에게 네 마음을 완악하게 하지 말며 네 손을 움켜쥐지 말고(신 15:7)

땅에는 언제든지 가난한 자가 그치지 아니하겠으므로 내가 네게 명령하여 이르노니 너는 반드시 네 땅 안에 네 형제 중 곤란한 자와 궁핍한 자에게 네 손을 펼지니라(신 15:11)

이스라엘 백성이 복을 받아 가난한 자가 없을 것이라는

신명기 15:4-5의 말씀과 가난한 자가 그치지 않을 것이라는 신명기 15:7, 11의 말씀은 상호모순처럼 보이지 않는가? 이 두 본문의 상호충돌은 어떻게 이해될 수 있는가?

이 두 본문의 모순처럼 보이는 주장들은 바로 전후 근접 문맥을 고려할 때 금방 해결될 수 있다. 신명기 15:7-8은 이스라엘 백성의 물질적 복이 나눔을 통해 가난한 자에게 전달됨으로써 가난한 자가 없게 될 것임을 약속한다. 혹자는 불순종 때문에 가난한 자들이 생겨날 수 있다고 주장할 수 있겠지만, 모든 가난이 불순종의 결과라고 치부할 순 없다.

어떤 사회에서나 그렇듯이 이스라엘 사회에도 남편과 아버지의 갑작스런 죽음으로 결국 고아와 과부와 같은 약자 계층이 생겨날 수밖에 없었다. 그럼에도 불구하고 이스라엘 사회는 가난한 자가 없는 복을 누릴 수 있었다. 어떻게 가능한가? 신명기 15:7-10은 오직 베풀고 나누는 삶을 통해 참다운 공동체의 물질적 복이 향유될 수 있음을 강조한다.

네 하나님 여호와께서 네게 주신 땅 어느 성읍에서든지 가난한 형제가 너와 함께 거주하거든 그 가난한 형제에게 네 마음을 완악하게 하지 말며 네 손을 움켜쥐지 말고 반드시 네 손을 그에게 펴서 그에게 필요한 대로 쓸 것을 넉넉히 꾸어주라. 삼가 너는 마음에 악한 생각을 품지 말라 곧 이르기를 일곱째 해 면제년이 가까이 왔다 하고 네 궁핍한 형제를 악한 눈으로 바라보며 아무것도 주지 아니하면 그가 너를 여호와께 호소하리니 그것이 네게 죄가 되리라. 너는 반드시 그에게 줄 것이요, 줄 때에는 아끼는 마음을 품지 말 것이니라 이로 말미암아 네 하나님 여호와께서 네가 하는 모든 일과 네 손이 닿는 모든 일에 네게 복을 주시리라

이스라엘이 가난한 자를 긍휼이 여기며 그들에게 필요한 것을 제공해 주는 나눔의 삶을 실천할 때, 하나님은 그들의 손길 위에 더욱 풍성한 복으로 채워주실 것을 약속한다. 그러므로 위의 본문은 하나님을 물질의 주인으로 믿고 섬기는 언약의 백성들이 가난한 이웃을 향한 물질적 베풂과 나눔을 통해 그들의 청지기적 의무와 책임을 감당해야만 함을 상기시켜준다. 하나님께서 우리에게 물질을 허락하실 때 넉넉하게 주실 수도 있고, 부족하게 주실 수도 있다. 다시 말해, 하나님은 부자와 빈자를 모두 허용하신다. 그러므로 가난을 불신앙의 결과로 정죄해서는 안 된다.

그렇다면 부자와 빈자가 공존하는 세상에서 하나님의 백성의 중요한 의무 가운데 하나는 무엇인가? 그것은 바로 "나눔"이다. 이 나눔의 목적은 무엇인가? 칼빈은 물질의 나눔의 목적이 "은혜를 기억하기" 위함이라고 고백한다.[19] 실

로 모든 물질이 하나님께로부터 온다는 사실을 고백하는 자에게 물질 그 자체는 전적이 하나님의 은혜의 결과물이다. 특히 칼빈은 하나님께서 그리스도인들로 하여금 물질의 은혜를 기억하도록 하기 위해 주변에 가난을 허용하신다고 말한다. 우리 주변의 가난한 이웃들은 하나님께서 우리에게 베푼 물질적 은혜를 기억하며 그 은혜를 마땅히 나누어야 함을 상기시켜준다. 물질에 대한 소유권을 하나님께 돌리는 그리스도인에게 물질은 모두 은혜인 것이다. 그러므로 하나님으로부터 온 물질의 은혜를 기억하여 그 은혜를 다른 이들과 나누는 것이야말로 그리스도인의 의무이자 책임인 것이다.

■ ■

문맥에 뿌리내린 적용

실로 이스라엘 백성들 가운데 가난한 자들이 언제나 존재했다는 신명기 15:7-10의 말씀은 매우 의미심장하다. 가난의 원인은 여러 가지이다. 개인의 게으름(잠 10:4)이나 방종(잠 21:17)으로 발생할 수도 있고, 어쩔 수 없는 환경적 요인에 의해 생겨날 수도 있다. 필자 역시 고2때 부친을 일찍 여의게 되어 물질적 어려움을 겪은 바 있다. 이처럼 우리 주변에는 설명하기 어려운 숱한 문제들 때문에 가난을 경험하는 이들이 많다. 그러므로 가난 그 자체를 무조건 불신앙의 결과로 치부하는 일은 성경의 가르침이 아니다. 그러나 우리는 종종 이런 극단적 자세로 가난한 자를 성급하게 정죄하는 몰지각한 태도를 접하기도 한다. 더욱 안타까운 것은 물질의 결핍을 겪지 않을 것이라고 약속하는 신명기 15:4-5을 사용하여 가난한 자들을 향해 믿음 없음을 꾸짖거나 정죄하여 그들에게 더 큰 마음의 상처를 입히는 일이다. 실로 신명기 15:4-5은 가난을 정죄하는 본문이 아니다. 오히려 이 본문의 전후 문맥은 가난이 물질의 베풂을 통해 극복될 수 있음을 일깨워준다. 그러므로 신명기 15:4-5을 묵상하고 적용하려는 독자들은 이 본문을 사용하여 가난의 문제를 무조건 불신앙과 연결시키지 말아야 한다. 오히려 본문의 문맥이 의도하는 바, 물질의 나눔이 가난의 문제를 해결하는 중요한 열쇠가 될 수 있음을 잊지 말아야 할 것이다.

Blomberg, Craig L. *Christians in An Age of Wealth: A Biblical Theology of Stewardship*. Grand Rapids: Zondervan, 2013.

성경의 물질관 특히 청지기도에 관한 성경신학적 접근을 제시하는 의미있는 책이다. 성경의 물질관에 관심이 있는 독자들에게 일독을 권한다.

_____. *Give Me Neither Poverty Nor Riches*. Grand Rapids: 1999. 박규태 역. 『가난하게도 마옵시고 부하게도 마옵소서』. 서울: IVP, 2012.

구약과 신약에 나타난 물질에 대한 성경적 가치관을 정립한 책이다. 구약보다는 신약의 물질관을 자세히 논증한다. 나눔의 중요성을 강조하는 저자의 관점이 돋보인다.

Lundbom, Jack R. *Deuteronomy: A Commentary*. Grand Rapids: Eerdmans, 2013.

신명기 본문의 구조와 의미를 상세히 논증하는 신명기 주석서이다. 신명기 15장에 관한 보다 정밀하고 구체적인 주석 작업을 원하는 독자들에게 필요한 책이다.

McConville, Gordon J. G. *Deuteronomy*. Apollos Old Testament Commentary. Leicester: InterVarsity Press, 2002.
학문성과 목회적 필요를 모두 충족시켜주는 주석서이다. 특히 신명기 15장의 핵심 논점을 파악하는데 도움을 준다.

Williamson, H. G. M. "A Christian View of Wealth and Possessions: An Old Testament Perspective," *EX AUDITU*, Vol. 27 (2011), 1-19.
구약의 물질관에 대한 전반적인 이해를 제공하는 논문이다. 전문적인 학술논문은 아니지만 구약의 물질관에 관한 개론적 이해를 돕는 유익한 글이다.

10장

라합의 붉은 줄은
십자가의 피를
가리키는가?

우리가 이 땅에 들어올 때에
우리를 달아 내린 창문에 이 붉은 줄을 매고
네 부모와 형제와 네 아버지의 가족을
다 네 집으로 모으라

여호수아 2:18

평소 존경하는 목사님 한 분이 계셨다. 그 분의 메시지는 많은 분들에게 감동을 주었고, 그 분의 성경해석은 본문의 의도에 입각한 균형 잡힌 시각을 견지하였다. 그러나 우연히 여호수아 2:18에 등장하는 라합의 붉은 줄에 관한 그 분의 설교를 들었을 때, 필자는 다소 의문을 갖게 되었다. 왜냐하면 라합의 붉은 줄이 예수 그리스도의 보혈을 가리킨다고 확신 있게 메시지를 전했기 때문이다. 비록 이 목사님의 신학적 입장과 주해적 방식은 대체로 본문 중심의 견실한 해석에 기초를 두고 있었지만, 여호수아 2장에 등장하는 라합의 붉은 줄에 대한 그 분의 해석은 다소 본문의 의도에서 벗어나고 말았다.

그러나 이 목사님의 성경해석의 문제는 단순히 몇 몇 소수 목회자들에게만 나타나는 현상일까? 필자의 판단으로는 지금도 상당수의 목회자들이나 성도들이 라합의 붉은 줄이 등장하는 여호수아 2:18을 설교하거나 묵상할 때 라합의 붉은 줄을 예수 그리스도의 피와 연결시키는 경향이 있다. 그들에 의하면, 라합의 가족들이 심판에서 구원 받았던 유일한 근거는 붉은 줄이었으며, 이 붉은 줄은 죄와 사망에서 구원으로 인도하는 십자가의 보혈을 가리킨다는 것이다. 그러나 이런 식의 설교는 소위 자의적인 알레고리 해석의 전형적인 패턴을 보여준다.

한편 종종 어떤 성경의 독자들은 소위 알레고리 해석을 마치 모형론으로 오해하여 매우 주관적인 자신의 해석을 정당화하는 우를 범하곤 한다. 이런 오류는 모형론의 심각한 오해에서 비롯된 것이며, 더 근본적으로는 본문의 전후 문맥을 무시한 일방적인 해석의 필연적 결과이다.[20] 그러므로 필자는 여호수아 2장의 라합 이야기에 집중할 것이다. 무엇보다도 여호수아 전체의 문맥 속에서 여호수아 2장의 위치와 의도를 파악하고, 그 핵심적 논점이 무엇인지를 주의 깊게 찾아볼 것이다. 만약 이와 같은 본문의 문맥 중심의 성실한 성경읽기를 수행한다면, 여호수아 2장에 묘사된 라합 이야기의 진정한 의미와 중심 메시지는 한층 더 선명하게 드러날 것이다. 그렇다면 여호수아 2장의 구조에 근거한 문맥의 관점에서 볼 때, 라합의 붉은 줄보다도 더 중요한 본문의 논점은 무엇인가?

■■

문맥으로 관찰하기

구약에 등장하는 대표적인 이방 여인 가운데 한 사람은 여호수아 2장에서 발견되는 라합이다. 이 여인은 고귀한 신분이 아니라 대중들로부터 환영받지 못하는 천한 삶을 살았던 사람이었다. 그럼에도 불구하고 이 여인이 구약 성경에서 크게 부각되고 있음은 우리의 관심을 끌게 한다. 구약을 설교하는 목회자들도 이 여인에 대한 중요성을 지나치지 않는다. 그렇지만 대부분의 독자들은 여호수아 2장을 취급할 때 라합 이야기의 핵심 논점을 제대로 파악하지 못한다. 왜냐하면 앞서 지적했듯이 여호수아 2:18에 등장하는 라합의 붉은 줄에 먼저 관심이 집중되기 때문이다. 그러나 여호수아 2장의 논점은 라합의 붉은 줄이 아니다. 그렇다면 라합의 이야기가 실제적으로 강조하는 주요 논점은 무엇인가? 여호수아 2장의 라합 이야기의 논점을 살펴보려면 먼저 여호수아서 전체 구조 안에서 여호수아 2장의 문맥과 그 중요성을 파악해야만

한다. 먼저 아래의 간략한 구조분석은 여호수아서의 전체의
주제를 이해하는데 큰 도움을 준다.[21]

주제적 구분	본문
대왕 여호와께서 그의 군대와 함께 가나안으로 진입하시다	1:1-5:12
대왕 여호와께서 가나안을 정복하시다	5:13-12:24
대왕 여호와께서 정복한 땅을 조직화하시다	13:1-21:45
대왕 여호와께서 장차 이스라엘의 충성을 촉구하시다	22:1-24:28

이처럼 여호수아서는 대왕 여호와께서 여호수아라는
지도자를 통해 그의 군대를 이끌고 가나안에 진군하여 그 땅
을 정복하고 그 땅의 행정적 조직을 이루시고 그 땅에서 거
하며 살게 될 미래의 이스라엘을 향해 언약적 충성을 촉구하
는 일련의 주제적 메시지를 전달하고 있다. 무엇보다도 여
호수아서의 도입부에 속하는 여호수아 2장의 라합 이야기는
여호수아서의 큰 틀 속에서 중요한 위치를 점한다. 그렇다면
여호수아서 안에서 라합 이야기의 구조는 어떻게 이해될 수
있는가? 아래에 제시된 여호수아 2장의 라합 이야기의 구조
는 이 이야기의 의미를 파악하는 데 상당한 도움을 준다.[22]

A. 정탐꾼의 파송(1절)

  B. 정탐꾼을 보호하는 라합(2-7절)

    C. 라합의 신앙고백(8-14절)

  B′. 정탐꾼을 보호하는 라합(15-22절)

A′. 정탐꾼의 귀환(23-24절)

여호수아 2장의 라합 이야기는 정탐꾼의 파송(A)으로 시작하여 정탐꾼의 귀환(A′)으로 마무리되는 인클루지오 Inclusio의 형식을 취한다. 그러나 라합 이야기의 중심은 정탐꾼의 사역보다는 정탐꾼에 대한 라합의 태도에 있다. 라합은 여호수아가 보낸 정탐꾼의 정체를 알고 적극적으로 그들의 안위와 신변을 지키기 위해 최선을 다한다(B, B′). 여리고 왕이 보낸 사람들의 눈을 속이며 정탐꾼을 보호하려는 라합의 이런 시도는 목숨을 건 위험한 행위일 수밖에 없다. 그렇다면 왜 라합은 여호수아가 보낸 정탐꾼의 안전을 위해 그토록 신경을 쓰는 것인가? 위의 구조에서 중심(C)에 위치하는 8-14절이 이 질문의 해답을 제공한다. 라합의 이 모든 행위는 그녀가 이방의 땅에서 이미 이스라엘의 여호와 하나님에 대하여 들었고, 그 이후로 그 하나님에 대한 믿음을 가지고 있었기 때문에 가능했다.[23]

이처럼 여호수아 2장의 구조를 통해서 본 본문의 문맥

은 여호와를 향한 라합의 믿음을 강력하게 부각시킨다. 실로 라합이 여호와 하나님을 절대적으로 신뢰하게 된 계기는 무엇인가? 위의 구조를 통해 드러난 본문의 문맥은 라합의 믿음이 들음에서 비롯된 것임을 강조한다. 라합은 가나안에 있을 때부터 여호와께서 이스라엘을 위해 어떻게 역사하셨는지에 대해서 이미 들었고, 그 결과 여호와 하나님에 대한 절대적 믿음을 견지하게 되었다. 비록 라합은 이스라엘의 회원이 아니었지만 여호와 하나님께서 행하신 일들에 관하여 듣고 믿게 되었다. 또한 이런 믿음은 결국 하나님이 보내신 정탐꾼을 보호하는 신앙적 결단과 행동으로 나타나게 되었다. 한낱 이방여인에 불과했던 라합의 등장과 고백 그리고 그녀의 신앙적 결단과 행동이 여호수아의 첫 시작부터 집중적으로 묘사되고 있음은 매우 의미심장하다. 이처럼 여호수아 2장의 구조와 문맥의 관점에서 볼 때, 여호수아 2장의 중심은 여호수아도 정탐꾼도 아니다. 오히려 부도덕한 여인으로 손가락질 받았던 한 여인이 집중적으로 조명을 받는다.

그렇다면 왜 여호수아 2장은 라합이라는 한 천한 여인의 행위를 그토록 부각시키는 것인가? 더욱이 여호수아서의 저자는 왜 라합 이야기를 도입부에 위치시키고 있는 것일까? 그것은 라합 이야기가 장차 가나안 땅에서 거하게 될 신앙 공동체의 정체성을 예고해 주기 때문이다. 앞으로 가나안 땅을 정복하고 그 땅에 거하게 될 하나님의 백성은 어떤 공동체로 규정될 수 있는가? 라합 이야기는 이런 질문에 미리 대답을 제시하고 있다. 비록 이스라엘과 다른 이방 민족일지라도 여호와의 신앙을 고백하는 자는 이스라엘 공동체의 회원으로 받아들여진다. 심지어 기생과 같은 비천한 신분의 여인일지라도 과거의 잘못을 버리고 새로운 신앙의 삶을 선택하는 자에게는 언제나 새로운 가능성이 열려 있는 곳이 바로 가나안이다.

아이러니하게도 미래의 이스라엘은 이 가나안 땅에서 우상을 숭배함으로 말미암아 여호와를 향한 언약적 신앙을 버리고 기생 라합보다 못한 영적인 기생으로 전락한다. 이스라엘은 할례와 율법과 성전과 같은 중요한 신앙의 전통들은 고수했지만 정작 가장 중요하고도 본질적인 유일신 신앙을 저버리고 우상을 선택함으로 말미암아 결국 가나안에서 쫓겨나 이방의 나라 바벨론으로 옮겨진다. 신앙을 잃어버린 형식이 무슨 의미가 있으며, 고백을 상실한 전통으로 무엇을 할 수 있단 말인가? 분명 라합의 이야기는 신분이나 인종이나 성별이 아닌, 오직 여호와를 유일하신 하나님으로 믿고 고백하는 참된 신앙만이 하나님의 백성이 될 수 있는 유일한 길임을 일깨워준다.

■ ■
문맥에 뿌리내린 적용

지금까지 여호수아 2장의 문맥을 통해서 관찰한 라합 이야기의 논점은 신약에서 더욱 강화된다. 실로 신약의 첫 장을 여는 마태복음 1장의 족보에 등장하는 여인들 가운데 하나가 라합이라는 사실은 의미심장하다. 또한 믿음을 강조하는 히브리서 11장에서도 라합은 이방의 기생출신이었음에도 불구하고 믿음으로 정탐꾼을 보호한 순종의 여인으로 그려진다.

믿음으로 기생 라합은 정탐꾼을 평안히 영접하였으므로 순종하지 아니한 자와 함께 멸망하지 아니하였도다(히 11:31)

신약에 등장하는 예수님은 구약의 라합처럼 그 당시 이스라엘 백성들이 멀리하는 세리나 창녀와 같은 비천한 그룹들을 멀리하지 않으셨다. 오히려 예수님의 통치로 도래하는 하나님의 나라는 인종이나 출신에 의해 규정되는 것이 아니라 예수의 십자가의 복음을 믿고 그 정신을 실천하는 자들에게 임하게 된다. 이와 같이 이방인들이 참여하는 하나님 나라의 통치는 이미 구약 시대에 예견되고 있다. 특히 라합 이야기는 장차 가나안 땅 공동체의 정체성과 그 방향성을 알려주며, 먼 훗날 메시아를 통해 도래할 하나님 나라의 특징을 미리 예고한다. 그렇다면 하나님의 백성 공동체인 교회는 세상의 신분과 상관없이 예수 그리스도를 "주"로 고백하는 자들은 누구든지 환영하며 따뜻하게 받아들이는 열린 공동체가 되어야 한다. 그러므로 라합 이야기를 읽고 해석하는 독자들은 본문의 문맥을 무시한 채 라합의 붉은 줄을 십자가의 피로 적용해서는 안 된다. 오히려 비천한 여인의 신앙고백이 여호수아 2장과 전체 여호수아서의 구조와 문맥 안에서 어떻게 작용하며 기능하는지를 먼저 살펴보아야 한다. 나아가 여호수아 2장의 라합 이야기에 나타난 하나님 나라의 특징이 어떻게 신약의 메시지와 연결되는지를 파악할 수 있어야 한다. 라합의 붉은 줄은 십자가의 피를 가리키지 않는다. 여호수아 2장의 라합 이야기의 핵심은 라합의 붉은 줄이 아니라 그녀의 신앙에 있다. 이것이 바로 문맥이 말하는 바이다.

Butler, Trent C. *Joshua*. WBC 7. Waco: Word Books, 1983. 정
일오 역. 『여호수아』. 서울: 솔로몬, 2004.

여호수아 2장의 역사적 배경과 의미를 상세하게 연구하기 원
하는 독자들에게 필요한 주석이며 온건한 비평적 입장을 견
지하고 있다.

Hess, Richard S. *Joshua: An Introduction and Commentary*.
TOTC. Leicester: InterVarsity Press, 1996.

이 주석의 장점은 복음주의적이면서도 심층적인 본문분석을
제공한다는 점이다. 여호수아 2장에 관한 문학적 구조와 본문
연구는 본문의 의도와 의미를 파악하는데 큰 도움을 준다.

Stek, John H. "Rahab of Canaan and Israel: The Meaning of
Joshua 2," *CTJ* 37 (2002): 28-48.

여호수아 2장의 구조와 본문 연구에 있어서 탁월한 관점과 분
석을 제공하는 논문이다. 특히 여호수아서 전체에 여호수아

2장이 차지하는 역할과 의도를 매우 설득력 있게 논증한다.
여호수아 2장에 관한 연구로는 가장 추천할 만한 논문이다.

11장

웃사의 죽음,
그만의 책임인가?

그들이 나곤의 타작마당에 이르러서는 소들이 뛰므로
웃사가 손을 들어 하나님의 궤를 붙들었더니
여호와 하나님이 웃사가 잘못함으로 말미암아 진노하사
그를 그 곳에서 치시니 그가 거기
하나님의 궤 곁에서 죽으니라

사무엘하 6:6-7

구약에는 종종 갑작스런 죽음을 당하는 인물들이 등장한다.
이런 사건들은 대부분 하나님의 진노의 결과로 발생한다. 그
런데 죽음의 이유가 쉽사리 수긍되지 않는 경우들이 있다.
가령 구약에서 매우 충격적인 사건 가운데 하나는 웃사의 죽
음이다. 웃사가 수레에 법궤를 싣고 가던 도중 소가 뛰기 시
작하였고 수레에 실려 있던 법궤가 흔들렸다. 이런 상황에서
웃사는 흔들리는 법궤를 붙들다가 하나님의 진노를 사서 급
사하고 말았다. 본문은 법궤 이동의 책임을 맡은 웃사의 부
주의만을 부각시키고 있는가? 만약 그렇다면 웃사는 수레에
서 떨어지려는 법궤를 그냥 바라보아야 하는가? 단순히 웃

사가 흔들리는 법궤를 만졌다는 이유만으로 죽음을 맞이했다고 이해한다면 이런 접근은 뭔가 석연찮은 느낌을 던져준다. 웃사의 죽음은 과연 웃사 그만의 잘못 때문일까? 다른 누군가의 책임은 없는 것일까? 더 근본적으로 사무엘하 6:1-8에 등장하는 웃사의 죽음을 통해서 저자가 의도하고 강조하려는 논점은 과연 무엇인가? 이런 질문들에 대한 해답을 찾는 작업은 본문의 전후 문맥에 대한 이해로부터 시작되어야 한다.

■ ■
문맥으로 관찰하기

문맥을 통해서 본 법궤 이동

사무엘하 6:1-8의 문맥은 다윗의 법궤 이동에 초점을 두고 있다. 여기서 우리는 이런 질문을 던질 수 있다. "왜 다윗은 법궤를 예루살렘으로 이동하려고 하는가?" 원래 법궤는 블레셋 족속에게 빼앗겼지만 법궤 앞에서 부러진 다곤 신상 사건(삼상 5:1-4)으로 인해 결국 기럇여아림이라는 이스라엘 지역으로 다시 옮겨진다(삼상 7:1-2). 기럇여아림 사람들은 아비나답의 아들 엘르아살을 구별하여 다윗의 때까지 줄곧 법궤를 지키게 하였다. 다윗이 왕위에 올라 이방민족들을 물리치고 예루살렘을 정복하였을 때, 그는 명실상부한 이스라엘의 절대 권력의 자리에 올라서게 되었다. 그러나 다윗은 뭔가 한 가지 부족한 것을 느꼈다. 그것은 다름 아닌 법궤의 부재였다. 다윗은 예루살렘을 종교적 도시로 확고히 세우기 위해 법궤의 귀환을 절감하였다. 그리하여 그는 법궤를 예루살렘으로 옮기기 위한 작업을 감행하였다. 이 법궤의 이동은 다윗의 통치의 클라이맥스라고 볼 수 있었다. 법궤의 귀환으로 다윗의 권력은 절대적인 위치를 점할 수 있었다. 그러나 웃사의 죽음으로 이런 다윗의 계획은 하루아침에 물거품이 되고 말았다. 도대체 무엇이 잘못된 것인가?

문맥을 통해서 본 다윗의 문제

웃사의 죽음은 웃사 그만의 탓은 아니다. 본문의 문맥은 웃사보다도 다윗의 문제를 더 부각시킨다. 법궤의 이동을 다루는 사무엘하 6:1-8의 앞 문맥은 다윗과 블레셋과의 전투를 다룬다. 여기서 우리는 다윗이 블레셋과 싸워 이길 수 있었던 비결을 분명히 발견할 수 있다.

다윗이 여호와께 여쭈니 이르시되 올라가지 말고 그들 뒤로 돌아서 뽕나무 수풀 맞은편에서 그들을 기습하되 뽕나무 꼭대기에서 걸음 걷는 소리가 들리거든 곧 공격하라 그 때에 여호와가 너보다 앞서 나아가서 블레셋 군대를 치리라 하신

지라 이에 다윗이 여호와의 명령대로 행하여 블레셋 사람을
쳐서 게바에서 게셀까지 이르니라(삼하 5:23-25)

다윗이 블레셋을 쉽게 무찌를 수 있었던 것은 그가 하
나님께 아뢰었기 때문이다. 다윗이 어떻게 싸워야 할지 하나
님께 여쭈었을 때, 하나님은 구체적으로 싸움의 방식을 알
려주셨고, 다윗은 그 방식대로 전투에 임하여서 대승을 거
둘 수 있었다. 그런데 이런 대승을 거둔 다윗은 곧바로 법궤
의 이동을 추진한다. 놀랍게도 전투를 위한 방식을 구체적으
로 하나님께 아뢰었던 다윗은 법궤의 이동을 위해서는 전혀
하나님께 구하지 않는다. 더욱 안타까운 것은 다윗이 법궤를
이동할 때 지켜야 할 하나님의 지침을 전혀 준행하지 않았다
는 점이다. 법궤를 이동할 때 지켜야할 규례는 다음과 같다.

금 고리 넷을 부어 만들어 그 네 발에 달되 이쪽에 두 고
리 저쪽에 두 고리를 달며 조각목으로 채를 만들어 금으
로 싸고 그 채를 궤 양쪽 고리에 꿰어서 궤를 메게 하며(출
25:12-14)

진영이 전진할 때에 아론과 그의 아들들이 들어가서 칸 막
는 휘장을 걷어 증거궤를 덮고 그 위를 해달의 가죽으로

덮고 그 위에 순청색 보자기를 덮은 후에 그 채를 꿰고(민 4:5-6)

이처럼 구약의 법궤관련 규정들은 법궤가 반드시 레위인들의 어깨에 메어 옮겨져야 한다는 점을 분명히 밝힌다. 그러나 다윗은 이 규례를 깨뜨리고 말았다.[24] 다윗은 레위인의 어깨에 메어 법궤를 옮기지 않고 수레에 실어 이동시켰다. 만약 다윗이 하나님의 규례에 따라 법궤를 레위인의 어깨에 메고 옮겼다면 웃사의 죽음은 발생하지 않았을 것이다. 그러므로 다윗은 크게 두 가지 잘못을 범하였다. 첫째, 법궤 이동과 같은 중대한 문제를 시행하기에 앞서 전혀 하나님께 그 뜻을 묻지 않았고, 둘째, 법궤 이동에 반드시 필요한 하나님의 지침을 완전히 무시하였다. 추후에 다윗이 다시 법궤를 옮겨올 때 사람들로 하여금 법궤를 메고 이동시킨다.

다윗과 온 이스라엘 족속이 즐거이 환호하며 나팔을 불고 여호와의 궤를 메어오니라(삼하 6:15)

이후에 법궤를 메고 이동시킨 다윗의 모습은 법궤를 메지 않고 이동시켜 문제를 초래했던 이전의 모습과 대조를 이룬다. 이것은 다윗이 다시는 이전의 똑같은 실수를 반복하지 않으려는 그의 의지를 엿보여준다. 그러므로 웃사의 죽음을 소개하는 사무엘하 6:6-7의 전후문맥은 웃사의 죽음이 웃사 한 사람의 잘못 뿐만 아니라 다윗의 실수와도 결부되어 있음을 깨닫게 한다.[25]

■ ■

문맥에 뿌리내린 적용

사무엘하 6:1-8의 전후 문맥을 고려하지 않고 사무엘하 6:6-7만을 피상적으로 읽으면 웃사의 급사는 웃사의 잘못에서 비롯된 것처럼 보인다. 실제로 웃사가 흔들리는 법궤를 만지는 행위는 독자들의 눈에는 부주의한 모습처럼 비춰진다. 물론 웃사가 법궤를 만지는 행위는 잘못된 것이다. 그러나 본문의 전후 문맥적 상황은 웃사의 죽음이 또 다른 차원에서 이해될 수 있음을 깨닫게 해준다. 실로 사무엘하 6:1-8의 전후 문맥은 블레셋과의 전투와 맞물려 있다. 다윗은 블레셋과의 전투에서 철저히 하나님께 먼저 아뢰어 전투의 승리를 경험한다. 그러나 법궤를 이동하는 중차대한 일을 시행할 때에는 전혀 하나님께 묻지 않는다. 아마도 다윗은 전쟁의 승리에 도취되어 수레를 통해 법궤를 신속히 이동시켜 자신의 통치를 더욱 확립하려고 했을 것이다.

특히 다윗이 수레로 법궤를 이동시킬 때 "잣나무로 만

든 여러 가지 악기와 수금과 비파와 소고와 양금과 제금"(삼하 6:5)과 같은 악기들을 동원해서 연주시켰다는 점은 그의 들뜬 마음을 연상시킨다. 이제 그의 관심은 올바른 절차에 따른 법궤 운반 보다는 신속한 법궤 이동에 있었다. 물론 법궤를 손으로 붙들었던 웃사의 부주의함은 부정될 수 없다. 혹자는 웃사가 수레를 통한 법궤 운반을 요구했고, 다윗은 그것을 그저 허용했다는 주장을 펴기도 한다. 그러나 이러한 주장은 법궤의 이동 과정을 계획하고 감독해야 할 다윗의 책임을 간과할 수 있다. 비록 웃사가 수레를 통한 법궤 운반을 요구했다 손치더라도, 다윗은 이제 명실상부한 이스라엘의 최고 지도자로서 하나님의 계명에 따라 법궤가 어깨에 메어 운반되도록 철저히 감독했어야 했다.

이처럼 본문에 묘사된 법궤의 이동과 웃사의 죽음은 우리로 하여금 하나님의 뜻보다 앞서갔던 다윗의 성급함을 엿보여준다. 또한 겸손히 하나님께 아뢰지 않는 다윗의 상태는 이전과는 다른 그의 교만한 모습의 한 단면을 보여주는지도 모른다. 결론적으로 웃사의 죽음을 다루는 사무엘하 6:6-7을 읽는 독자들은 본문의 전후문맥을 통해 웃사의 죽음이 웃사 한 사람의 잘못 뿐만 아니라 법궤의 이동을 성급하게 추진하기 위해 하나님의 뜻을 묻지도 않고 법궤 이동을 위한 계명도 무시했던 다윗의 문제도 함께 인식해야 할 것이다.

심화학습을
위한
읽을거리

김진수. 『우리에게 왕을 주소서: 하나님 나라의 관점으로 읽는 사
무엘』. 수원: 합동신학대학원대학교 출판부, 2011.

> 주석서의 형식을 취하지는 않지만 사무엘서의 중심사상을 일
> 목요연하게 설명하는 값진 해설서이다. 사무엘서 연구의 필
> 독서로서 추천할만하다. 웃사의 죽음과 관련된 토론도 유익
> 한 관점을 제공해 준다.

김지찬. 『여호와의 날개아래 약속의 땅을 향하여: 구약 역사서 이
해-문예적 신학적 서론』. 서울. 생명의 말씀사, 2016.

> 이 책의 부제에 암시된 바대로 역사서를 문예적 관점으로 조
> 망하는 역사서 개론서이다. 특히 본문의 구조분석에 근거한
> 설명이 탁월하다. 웃사의 죽음과 관련된 논의에서도 다윗의
> 책임을 언급한다.

Baldwin, Joyce G. *1 and 2 Samuel*. Tyndale Old Testament
Commentaries. Leicester: InterVarsity Press, 2008.

복음주의 여성 구약학자의 작품으로서 사무엘서의 본문 분석이 뛰어난 주석서이다. 웃사의 죽음에 대한 논의도 참고할만하다.

Brueggemann, Walter. *First and Second Samuel*. Interpretation. Louisville: Westminster John Knox Press, 1990. 차종순 역. 『사무엘 상·하』. 현대성서주석/목회자와 설교자를 위한 주석. 서울: 한국장로교출판사, 2000.

본 주석서의 성격대로 세밀한 주석적 작업보다는 본문의 핵심 논점을 전달하는 방식을 취한다. 웃사의 죽음에 관한 논의도 참고할만하다.

Firth, David G. *1 & 2 Samuel*. Apollos Old Testament Commentary. Leicester: IVP Academic, 2009.

영국 복음주의 구약학자의 사무엘서 주석서이다. 학문적 토론과 주해적 작업이 조화를 이룬다. 신학자와 목회자에게 모두 필요한 사무엘서 주석이며, 웃사의 죽음에 관한 토론도 유익하다.

12장

다윗의 인구조사,
누구의 문제인가?[26]

여호와께서 다시 이스라엘을 향하여 진노하사
그들을 치시려고 다윗을 격동시키사
가서 이스라엘과 유다의 인구를 조사하라 하신지라

사무엘하 24:1

사탄이 일어나 이스라엘을 대적하고
다윗을 충동하여 이스라엘을 계수하게 하니라

역대상 21:11

오래전 신학대학원을 다닐 때 목사님 한 분을 만났던 때가 기억난다. 그 목사님은 성경의 권위를 강조하며 열심히 가르치는 분이셨다. 그런데 그 분은 자신의 절망적인 순간을 내게 말씀해 주셨다. 어느 진보적인 목회자를 만나 성경에 관하여 대화를 나누었는데 그는 성경의 오류를 확신하며 그 실례로 사무엘하 24:1과 역대상 21:1에 등장하는 다윗의 인구조사를 언급했다고 한다. 언뜻 본문을 읽어보면, 사무엘하 24:1과 역대상 21:1은 인구조사의 원인으로서 하나님과 사탄을 부각시키면서 큰 차이를 드러낸다. 사무엘하 24:1은 다윗의 인구조사가 하나님에 의해 시작되었다고 표현하는 반면,

역대상 21:1은 다윗의 인구조사가 사탄의 충동 때문에 발생한 것으로 서술한다. 이런 곤란한 질문을 던진 그 진보적인 목회자를 향해 속 시원한 대답을 하지 못한 목사님은 자신의 마음이 참 무거웠다고 토로하였다. 그리고 대뜸 신학대학원에서 공부하던 필자에게 시간이 나면 이 난제를 한번 풀어보는 것이 어떠냐고 제안하였다.

그 분을 만난 후 수년의 세월이 지나고 외국에서 유학 생활을 하는 동안에도 필자는 가끔씩 이 문제를 머리에 떠올리곤 했다. 그리고 학위를 마치고 한국에 귀국하자마자 필자는 이 난제를 본격적으로 연구하기 시작했다. 과연 사무엘하 24:1과 역대상 21:1은 다윗의 인구조사의 원인을 서로 다르게 이해하는가? 만약 그렇다면 두 본문 중 하나는 잘못된 것인가? 다윗의 인구조사의 원인은 하나님인가 아니면 사탄인가? 이런 복잡한 질문들은 쉽게 해결되지 않는 난제로 다가와 우리들을 혼란케 만든다.[27] 그럼에도 불구하고 이 난제는 역대상 21:1에 등장하는 사탄의 정체에 대한 정확한 이해를 통해 해결의 실마리를 찾을 수 있다. 더욱이 이 문제의 해결을 위해 가장 먼저 선행되어야 할 일은 역대상 21:1의 전후 문맥을 통해 역대상 21:1의 사탄의 정체를 정확히 파악하는 것이다. 그렇다면 역대상 21장의 전후 문맥의 관점에서 볼 때, 역대상 21:1에 등장하는 사탄의 정체는 무엇일까?[28]

문맥으로 관찰하기

역대상 21장에 등장하는 사탄의 정체를 규명하기에 앞서서, 우리는 구약성경에 나타나는 "사탄"의 의미를 좀 더 밝혀볼 필요가 있다. 흔히들 "사탄"이라고 하면, 하나님을 대적하여 심판받은 타락한 천사 정도로 이해한다. 그러나 구약성경 안에 나타나는 사탄은 그렇게 하나의 용례로만 나타나지 않는다. 히브리어 명사 "사탄"은 사실 동사형 "사탄"과 깊은 연관이 있다. 이 동사는 구약에서 여섯 번 등장한다(시 38:20; 71:13; 109:4, 20, 29; 슥 3:1). 각각의 단락에서 이 동사는 대체로 "고소하다accuse", "비난하다slander"와 같은 의미로 해석된다. 명사형으로 쓰이는 "사탄"은 구약성경에서 26회 등장하며, "비난자", "고소자", "대적자"라는 뜻으로 다양하게 나타난다. 그 용례 또한 반드시 천상적인 존재(타락한 천사-민 22:22, 23; 욥 1-2장; 슥 3:1-2)로만 나타나는 것이 아니라, 지상적인 존재(대적자, 원수들-삼상 29:4; 삼하 19:18-20; 왕상 11:14, 23, 25; 시 109:6)로도 종종 표현되고 있기에 "사탄"의 의미를 바르게 이해하기 위해서는 문맥에 대한 이해가 필수적이다. 역대상 21:1에 나타난 사탄의 정체를 규명하기 위해서 역대상 21장의 문맥을 함께 관찰해보자.

실제로 역대상 21장은 다윗 왕의 치적에 대한 기사(역대상 14:3-22:1)에서 다윗 왕 통치 말기(대상 22:2-29:30)로 넘어가는 전환점으로 기능한다. 주목해야 할 점은 역대상 21장의 근접 선행 단락인 역대상 18-20장이 다윗의 군사적 정복 및 도전들과 결부되어 있다는 점이다. 특히 여기서 기술되는 전투들은 대부분 이방 대적자들과 관련되어 있음은 주목해 볼 만하다. 예를 들면, 이 단락에 나타난 다윗의 이방 대적자들은 다음과 같다.

- 블레셋(대상 18:1)
- 모압(18:2)
- 소바 왕 하닷에셀(18:3-8)
- 에돔(18:12-13)
- 암몬과 아람(19:1-19)
- 암몬(20:1-3)
- 블레셋(20:4-8)

특히 역대상 21:1에 나타나는 "일어나 대적하고"라는 표현은 "대항하다" 또는 "반역하다"는 뜻을 전달하며, 다분히 군사적 의미를 함축하고 있다. 그러므로 역대상 21장의 근접문맥은 이스라엘의 어떤 이방 대적자가 다윗을 향해 반역을 시도한 것임을 암시해 준다. 또한 역대상 21:13에서 다윗은 자신이 대적의 손에 빠지지 않도록 해 달라고 간구한다. 이것은 역대상 21:1의 사탄이 군사적 대적과 관련되어 있음을 간접적으로 말해주고 있다.

흥미롭게도 역대상 21:1의 사탄은 열왕기에 등장하는 사탄을 연상시킨다. 세일헤머^{John H. Sailhamer}는 역대상 21:1의 사탄의 정체를 이해하는 실마리로서 열왕기에 등장하는 이방의 군사 대적자로서의 사탄을 언급한다.[29] 특히 열왕기와 같은 구약 역사서는 이스라엘을 징계하기 위해 이방 대적자들을 일으키시는 하나님의 진노를 강조한다. 여기서 하나님의 진노와 이방의 군사적 대적은 밀접한 연관성을 갖게 된다. 다시 말해, 열왕기는 이스라엘을 향해 진노하신 하나님께서 이스라엘을 심판하기 위해 이방의 대적자들을 사용하신다는 점을 강조한다.

예를 들면, 열왕기상 11:9-14은 "솔로몬이 마음을 돌려 이스라엘의 하나님 여호와를 떠나므로 여호와께서 그에게 진노하시니라…여호와께서 에돔 사람 하닷을 일으켜 솔로몬의 대적이 되게 하시니 그는 왕의 자손으로서 에돔에 거하였더라"고 선언한다. 열왕기상 11:25도 "솔로몬의 일평생에 하닷이 끼친 환난 외에 르손이 수리아 왕이 되어 이스라엘을 대적하고 미워하였더라"고 진술한다. 이처럼 열왕기 11:9-14과 11:25에 등장하는 대적들은 "사탄"으로 묘사되고 있는데, 이들은 모두 이스라엘의 왕에게 도전하는 이방의 군사적 대적을 가리킨다. 그러므로 여기서 등장하는 "사탄"은 천상적 존재로서의 사탄을 의미하기보다는 지상의 이방의 군사적 "대적자"를 가리키는 일반 명사로서 하나님께서 사용하시는 심판의 도구로 묘사된다.

이런 관점에서 볼 때 역대상 21:1의 사탄 역시 하나님께서 다윗을 향해 진노하셔서 일으킨 이방의 군사적 대적자로 해석될 수 있다. 본문에서는 분명히 언급되지 않지만 아마도 다윗은 하나님 앞에서 진노를 살만한 잘못을 범하였고, 그로 인해 하나님은 진노하셔서 이방의 군사들을 일으키신 것이다. 종합해 보자면, 역대상 21장의 전후 문맥과 다른 본문에 나타난 사탄의 용례를 고려해 볼 때, 역대상 21:1의 사탄은 천상적 존재라기보다는 지상적 존재, 특히 다윗에게 도전하는 이방의 군사적 대적자로 해석되는 것이 문맥상 자연스럽다.

■ ■
문맥에 뿌리내린 적용

우리는 지금까지 역대상 21장의 전후 문맥을 통해 역대상 21:1에 등장하는 사탄의 정체를 살펴보았다. 만약 역대상 21:1의 사탄이 다윗을 대적했던 이방의 군사들이라면, 사무엘하 24:1과의 차이로 인한 문제는 쉽게 해결될 수 있다. 사무엘하 24:1은 다윗을 향한 하나님의 진노를 부각시키는 반면, 역대상 21:1은 하나님의 진노의 구체적 방식을 나타내 준다. 다시 말해, 역대상 21:1은 이방의 군사(사탄)를 일으켜 다윗을 궁지로 몰아넣으시는 하나님의 진노를 보여준다. 안타깝게도 본문에는 이 진노의 이유가 잘 나타나지 않는다. 다만, 역대상 21장 전후의 맥락을 고려해 볼 때, 다윗은 솔로몬의 경우와 마찬가지로 하나님의 진노를 살 만한 잘못을 범하여 이방의 대적자의 공격에 직면했을 가능성은 충분하다. 역대상 21장이 군사적 전투를 소개하는 선행 단락과 연결되고 있음을 고려해 볼 때, 다윗은 이방 대적의 도전에 맞서 군사적 대응을 하고자 인구(병력) 조사를 한 것으로 추측할 수 있다.

여기서 다윗의 심각한 문제가 나타난다. 자신에게 닥친 난관을 해결할 수 있는 열쇠는 과연 무엇인가? 이방의 군사적 침략에 대응하기 위해 다윗은 무엇을 가장 의지해야 하는가? 다윗은 자신의 잘못을 성찰하며 여호와를 신뢰함으로써 이 문제를 해결해야 했다. 그러나 다윗은 오히려 자신의 군사력을 통해 이 문제를 해결하려 했다. 자신이 보유한 군사력이 대적의 도전을 해결할 수 있다고 본 것이다. 이것이 바로 다윗의 문제였다. 이런 관점에서 볼 때 사무엘하 24:1과 역대상 21:1은 다윗의 인구조사의 원인에 대해 서로 다른 모순된 관점을 제시하지 않는다. 오히려 이 두 본문은 이방인의 대적(사탄)을 일으키신 하나님의 진노 앞에 겸손히 자신을 돌아보지 못하고 오히려 자신의 군대를 통해 문제를 해결하려했던 다윗의 문제를 바라보게 만든다. 결론적으로 다윗의 인구조사를 다루는 사무엘하 24:1과 역대상 21:1을 읽는 독자들은 다윗의 인구조사의 원인으로서 하나님과 사탄을 대립시켜서 양자택일을 시도해서는 안 된다. 오히려 이방의 군사를 통해 진노하시는 하나님 앞에서 인구조사라는 군사적 행위로 어리석은 대응을 시도했던 다윗의 죄를 바르게 인식해야 할 것이다.

장세훈. "다윗의 인구조사에 대한 재고찰: 대상 21:1을 중심으로."
『교회와 문화』제14권(2005): 29-46.

사무엘하 24:1과 역대상 21:1에 나타난 다윗의 인구조사와 그
원인에 관한 심층적 분석과 대안을 제시하는 논문이다. 특히
사무엘하 24:1과 역대상 21:1의 차이점을 파악하는데 도움을
준다.

Hamilton, Victor P. "Satan." *The Anchor Bible Dictionary*. Vol.
5. New York: Doubleday, 1992, 985-87.

구약에 나타난 사탄의 용법과 의미를 간략하면서 핵심적으로
잘 정리해주는 글이다. 다만 구약의 사탄에 관한 충분한 토론
을 제공하지는 않는다.

Japhet, Sara. *I & II Chronicles*. The Old Testament Library.
Louisville: Westminster John Knox Press, 1993.

역대상 21장의 전후 문맥을 매우 상세히 설명해 주는 탁월한

주석이다. 특히 사탄의 정체에 관한 논의는 매우 설득력을 갖는다. 역대상 21장의 연구를 위해서는 꼭 읽어야 할 필독서이다.

Tate, Marvin E. "Satan in the Old Testament." *Review & Expositor* 89 (1992): 461-74.
    구약의 사탄의 다양한 용례들을 개괄적으로 다루고 있는 논문으로서 구약의 사탄의 용법에 대한 전반적인 이해를 갖는데 도움을 준다.

Sailhamer, John H. *Introduction to the Old Testament Theology: A Canonical Approach*. Grand Rapids: Zondervan, 1999. 김진섭 역. 『구약신학개론』. 서울: 솔로몬, 2003.
    이 책의 부록에 실린 사탄에 관한 논의는 매우 의미 있는 글이다. 특히 구약의 사탄의 용례 중 지상의 대적자로서의 사탄의 의미를 매우 적절하게 논증한다.

Wright, John W. "The Innocence of David in 1 Chronicles 21." *JSOT* 60 (1993): 87-105.
    이 글은 하나님의 진노의 원인과 관련하여 기존의 입장들과는 다른 새로운 견해를 제시하는 논문으로서 하나님의 진노의 원인을 다윗에게서 찾지 않고 요압의 문제로 해석한다.

13장

전도서는
많이 공부하는 것을
부정하는가?[30]

내 아들아 또 이것들로부터 경계를 받으라
많은 책들을 짓는 것은 끝이 없고
많이 공부하는 것은 몸을 피곤하게 하느니라
전도서 12:12

———

공부를 많이 하는 것은 과연 헛된 것일까? 전도서 12:12을 읽어본 독자들은 아마도 이런 질문을 한번 씩은 해보았을 것이다. 필자 역시 고등학교 시절 대입 고사를 위해 머리를 쓰고 밤을 샐 때에 문득 전도서 12:12이 생각나서 이런 질문을 떠올리곤 했다. 필자가 해외에서 유학생활을 할 때, 어떤 박사과정 학생이 전도서 12:12이 적혀 있는 쪽지를 책상 앞에 써 붙여놓은 것을 보고는 혼자 웃은 적이 있다. 아마도 이 학생은 박사학위 논문을 쓰면서도 지나치게 공부에 집착해서는 안 된다는 신념을 가지고 있었던 것 같다.

　그러나 때때로 사람들은 공부의 무의미함을 강조하기

위해 이 구절을 인용하기도 한다. 특히 공부를 전혀 원하지 않거나 아예 싫어하는 사람들에게 이 구절은 어쩌면 핑계의 구실로 느껴질 수도 있다. 그러나 과연 이 구절은 공부의 무의미함을 의미하는 것일까? 몇 년 전 건강이 조금 나빠진 적이 있었다. 그때 필자를 걱정하던 주변 사람들 중에서도 이 구절을 인용하면서 논문을 쓰거나 책을 그만 쓰고 건강부터 챙기라고 조언하는 이들이 있었다. 그분들의 조언의 핵심은 물론 과로하지 말고 건강을 먼저 돌보라는 것이었다.

그러나 그분들의 참 고마운 마음 씀씀이와는 상관없이, 전도서 12:12이 그분들의 조언을 뒷받침하는 성경적 근거가 될 수 있는지에 대해서는 그 타당성을 한 번 검토해 보아야 한다. 과연 전도서 12:12은 과도한 연구의 역효과를 경고하는가? 전도서 12:12의 전후문맥을 좀 더 깊이 살펴보면, 이 본문이 우리가 생각하는 그런 피상적인 의미를 전달하지 않는다는 점을 알게 될 것이다. 그렇다면 전도서 12:12의 문맥이 의도하는 메시지는 과연 무엇일까?

문맥으로 관찰하기

전도서 전체 구조 속에서 12:12의 위치

전도서 12:12의 의미를 파악하기 위해서는 먼저 전도서 전체의 의도를 이해하는 것이 필요하다. 제한된 지면이다 보니 여기서는 전도서의 구조를 통해서만 전도서의 의미를 간략하게 살펴볼 것이다. 전도서의 구조적 특징은 인칭을 통한 화자의 차이를 통해 두드러지게 드러난다. 예를 들면, 전도서에서 전도자는 1:1, 7:27, 12:9-14에서는 3인칭으로 묘사되는 반면에 다른 모든 본문에서는 화자가 1인칭으로 표현된다. 또한 1:1과 12:9-14의 전후에는 동일한 신학적 진술로서 "헛되고 헛되니 모든 것이 헛되도다"라는 표현이 등장한다. 또한 이 신학적 진술 전후에는 서론적 시(1:4-11)와 결론적 시(11:9-12:7 혹은 12:1-7)가 등장한다. 그러므로 전도서 전체의 구조는 1:1과 12:9-14, 1:2과 12:8, 1:4-11과 11:9-12:7이 각각 교차 대구를 이루는 형식을 취한다.

  A. 프롤로그(1:1)
    B. 신학적 모토(1:2)
      C. 서론적 시(1:4-11)

D. 전도자의 말씀(1:12-11:8)

  C′. 결론적 시(11:9-12:7)

  B′. 신학적 모토(12:8)

A′. 에필로그(12:9-14)

    무엇보다도 이 구조는 전도서 12장(특히 12:9-14)의 위치와 그 중요성을 보여준다. 특히 전도서의 가장 마지막 부분에 해당하는 전도서 12:9-14는 전체 전도서의 에필로그로 작용하고 있으며, 이러한 역할은 전도서 12:9-14이 전체 내용의 핵심적 사상과 결론적 입장을 반영하고 있음을 시사해 준다. 그러므로 전도서 12:12은 이 결론부에 위치하면서 연구와 지식의 가치에 대한 평가를 제시하고 있다.

문맥을 통해서 본 전도서 12:12의 의미

전도서 12:12의 의미를 파악하려면 이 구절의 전후문맥을 먼저 살펴보는 것은 필수적이다. 앞서 제시한 구조에서 전도서 12:9-14이 전도서의 마지막을 장식하는 에필로그로서의 역할을 수행하기 때문에 우리는 전도서 12:12의 전후문맥에 해당하는 전도서 12:9-14을 통해 전도서 12:12의 의미를 관찰할 것이다.

전도서 12:9은 전도자의 세 가지 특징들을 소개하는데, 먼저 지혜자로서의 전도자를 강조한다. 둘째, 전도자는 사람들에게 지식을 가르치는 자로 묘사된다.

전도자는 지혜자이어서 여전히 백성에게 지식을 가르쳤고 또 깊이 생각하고 연구하여 잠언을 많이 지었으며

아마도 전도자는 일정한 장소에서 여러 사람들에게 삶의 지혜를 가르쳤던 것 같다.[31] 셋째, 전도자는 잠언을 살피고 연구하며 수집하는 지혜의 선생으로 소개된다. 여기서 지혜로운 자의 중요한 자질이 나타난다. 지혜를 가르치는 선생은 반드시 연구하는 일을 게을리 해서는 안 된다. 이것은 가르치기에 앞서 반드시 준비하는 작업이 뒷받침 되어야 함을 말해준다. 그러므로 전도서 12:9은 전도서 12:12의 의미를 파악하는데 중요한 실마리를 제공한다.

전도서 12:10은 전도자가 지혜를 가르치기 위해 먼저 "즐거운 말"("디베레 헤페쯔")을 준비했음을 주지시킨다.

전도자는 힘써 아름다운 말들을 구하였나니 진리의 말씀들을 정직하게 기록하였느니라

지혜로운 자의 교습 방식은 즐거운 말로 이루어진다. 나아가 "즐거운 말"이라는 표현은 전도자가 가르칠 때의 수업 분위기도 암시해 준다. 전도자의 가르침은 즐거운 언어의 표현으로 전달되었을 뿐만 아니라 수업의 분위기 또한 기쁨으로 압도되었음을 시사해준다. 그러나 전도자의 수업은 그저 사람을 즐겁게하는 미사여구로만 진행되지 않았다. 전도자는 자신의 깨달음을 듣는 자들에게 즐거운 말로 가르쳤을 뿐만 아니라 진리의 가르침을 전달하고자 했다. 전도서 12:11은 지혜자의 말씀과 스승의 말씀을 채찍과 못에 비유한다.

지혜자들의 말씀들은 찌르는 채찍들 같고 회중의 스승들의 말씀들은 잘 박힌 못 같으니 다 한 목자가 주신 바이니라

그러므로 11절 전반부는 다음과 같은 병행구조를 이룬다.

A. 지혜자의 말씀
　B. 채찍
A'. 스승의 말씀
　B'. 못

본문에 등장하는 이 채찍은 가축들을 몰고 가는 농부들 혹은 목자들이 사용하는 기구로서 가축들을 올바른 길로 이끄는 도구가 된다. 이처럼 본문은 지혜자의 말씀을, 백성들을 위한 올바른 지침 혹은 안내자로 묘사하고 있다. 그렇다면 이와 같은 지혜자들의 깨달음은 어디서 오는 것인가? 화자는 이 모든 지혜들이 한 목자로부터 온 것이라고 고백한다. 그렇다면 이 목자는 누구인가? 학자들마다 다양한 견해를 제시하지만, 대체로 이 목자는 하나님을 가리킨다. 그렇다면, 지혜로운 자들을 통해 무지한 백성들을 올바른 길로 인도하는 지혜의 원천은 바로 하나님이시다.

이처럼 전도서 12:12의 이전 문맥에 해당하는 전도서 12:9-11은 지혜자로서의 전도자의 특징과 지혜의 원천되시는 하나님에 대한 강조점이 부각된다. 그런데 전도서 12:12은 갑자기 책을 쓰는 일과 많이 공부하는 것에 대해서 다소 부정적인 뉘앙스를 전달한다. 이 문제와 관련하여 대표적인 세 가지 입장들을 소개하고자 한다.[32] 첫째, 서오[C. L. Seow]나 와이브레이[R. N. Whybray]와 같은 학자들은 지혜자의 지혜 연구는 정당하며, 본 구절은 정경이 아닌 세속 학문과 문학과 관련이 있다고 본다.[33] 다시 말해, 정경이 아닌 다른 세속 작품들에 대해 지나친 연구는 끝도 없으며 도리어 몸을 피곤하게 만들 수 있다는 것이다. 둘째, 롱맨 3세는 전도서 12:9-14

의 화자가 전도자의 가르침을 부정하며 그의 지혜에 대해 경고하고 있다고 해석한다. 즉 전도서 12:9-14의 화자는 청중들을 향해 전도자의 생각이 위험하며, 그에 따른 경고의 메시지를 전달하고 있다는 것이다.[34] 반면에 웹과 같은 학자는 이 구절의 표현을, 이스라엘의 지혜의 한계와 연결시킨다. 다시 말해, 아무리 연구를 해도, 모든 지혜는 한계점에 도달할 수밖에 없으며, 답변될 수 없는 난제들에 너무 집착하면 결국 지칠 수밖에 없다는 것이다.[35] 그러므로 웹은 이 구절이 해결되지 않는 이슈들에 대한 지나친 몰입은 조심해야한다는 경각심을 일깨워준다고 본다. 필자는 웹의 입장이 타당해 보인다. 이처럼 전도서 12:12은 지혜 연구의 무익성을 의도하기보다는 지혜 연구를 하되 너무 지나친 열정에 몰입되어서는 안 된다는 점을 강조하고 있는 것이다. 그러므로 지혜를 공부하지 않는 자신의 게으름을 정당화하기 위해 전도서 12:12을 인용하는 것은 전도서 12:12의 의도를 완전히 왜곡시키는 것이다.

그렇다면 인간이 지혜탐구의 한계점에 도달할 때, 반드시 기억해야할 진리가 있다. 그것은 바로 하나님을 경외하며 그의 말씀을 준수하는 것이다. 그래서 12절 이후에 등장하는 13절은 지혜 탐구에 지나치게 몰입한 나머지 더 본질적인 진리를 놓칠 수 있음을 일깨워 준다.

일의 결국을 다 들었으니 하나님을 경외하고 그의 명령들을
지킬지어다 이것이 모든 사람의 본분이니라

흥미롭게도 본 구절은 하나님을 경외하는 것과 그의 명
령("미쯔바")을 준수하는 것을 서로 연결시키고 있다. 본문의
저자가 여기서 하나님의 명령을 포함시킨 것은 림버그^{James}
Limburg의 제안처럼, 이웃에 대한 계명을 암시하고 있는 듯하
다. 다시 말해, 본 구절은 하나님을 경외하며, 이웃을 사랑
하라는 하나님의 계명의 균형 잡힌 정신을 다시 일깨워주고
있는 듯하다. 그렇다면 하나님을 사랑하고 이웃을 사랑하는
것이야말로 하나님이 창조하신 인류의 존재이유이자 목적이
아니겠는가!
끝으로 전도서 12:12의 이후 문맥의 마지막 구절인 14절
은 하나님을 심판자로 묘사하며 마지막을 장식한다.

하나님은 모든 행위와 모든 은밀한 일을 선악 간에 심판하
시리라

12장에서 하나님은 세 가지 이미지로 등장한다. 하나님
은 12:1에서 창조주로, 12:11에서 목자로, 그리고 12:14에서
심판자로 그려진다. 그러므로 12장은 하나님을, 인류의 창조

자시며, 그 인류에게 당신의 지혜를 계시하시는 목자시며, 그 가르침에 따라 행위를 판단하는 심판자로 묘사하고 있다. 선한 것과 악한 것의 기준은 바로 이전 구절인 13절에서 제시되고 있다. 그러므로 13절은 14절의 판단 근거로서 작용한다. 왜 하나님을 경외하며 그의 말씀에 순종해야 하는가? 그 이유는 하나님께서 당신이 창조한 인간들을 그의 방식으로 심판하시기 때문이다. 더욱이 그의 심판은 숨겨진 모든 행위들도 포함된다. 비록 과거와 현재에는 죄악들을 숨길 수 있어서 심판받지 않는 악인들이 있다 하더라도, 미래는 죄악들을 숨길 수 없을 것이다. 비록 과거와 현재의 질서 속에는 의인들이 고난당하며 악인들이 번성할 수 있지만(7:15–18; 9:1–12), 장차 하나님은 심판을 통해 왜곡된 질서를 바르게 교정하실 것이다. 이처럼 화자는 하나님을 경외하며 그의 말씀에 순종하라는 명령과 함께 종말론적인 심판을 강조하며 전도서를 마무리한다.

■ ■

문맥에 뿌리내린 적용

지금까지 전도서 12:12의 의미를 정확히 파악하기 위해 이 구절의 전후문맥으로 작용하는 전도서 12:9–14을 간략하게 분석해 보았다. 전도서 12:9–14의 문맥 속에서 전도서 12:12

의 의미는 자명하다. 전도서 12:12은 지혜 연구의 무익성을 결코 주장하지 않는다. 오히려 지나친 지혜 연구로 인한 부작용을 경계하는 것이다. 그러므로 전도서 12:12은 연구를 하지 않는 나태함과 게으름에 빠져있는 자들에게 간접적인 경고로 작용한다.[36] 지나친 지성주의는 숭고한 종교적 감성과 체험에 때로 방해가 될 수 있는 반면에 잘못된 반지성주의적 태도는 정당한 연구의 중요성과 가치를 스스로 포기하는 오류를 범할 수 있다. 안타깝게도 우리는 이런 잘못된 반지성주의를 합리화하기 위해 전도서 12:12을 무분별하게 인용하거나 오용하는 사례들을 목도한다. 특히 하나님의 말씀을 열심히 살피고 연구해야 할 신앙인들이 자신의 게으름을 정당화하기 위해 전도서 12:12을 남용하는 것은 본문의 의도를 심히 왜곡시키는 일이다. 심지어 하나님의 말씀을 열심히 묵상하고 연구해야 할 목회자들은 전도서 12:12을 염두에 두면서 본문에 대한 연구를 접어두고 영감(?)을 얻기 위해서만 애를 쓰는 우를 범하지 말아야 한다. 오히려 전도서 12:12은 인간의 지식의 한계를 깨닫고 겸손히 하나님의 말씀에 귀기울이는 참된 지혜자의 자세가 무엇인지를 일깨워준다. 실로 설교자의 권위는 연구태만의 게으름에서 벗어나 하나님의 말씀과 씨름하는 성실한 연구 자세를 통해 더욱 빛나게 될 것이다.

심화학습을
위한
읽을거리

장세훈. "에필로그로 읽는 전도서."『교회와 문화』제18호 (2007):
25-44.
　　전도서 12:12의 올바른 의도와 의미를 제시하는 논문이다. 전
　　도서 전체와 전도서 12장의 구조와 문맥 속에서 12:12에 담긴
　　성경저자의 의도를 파악하는데 주력한다.

Fredericks, Daniel C. & Estes, Daniel J. *Ecclesiastes & The
Song of Songs*, AOC. Downers Grove: InterVarsity, 2010.
　　전도서 12:12의 의미를 게으름과 나태함에 대한 간접적 경고
　　로 해석하는 입장을 취한다. 전반적으로 전도서 12:12에 대한
　　매우 균형 잡힌 견해를 피력하고 있다.

Fox, M. V. *A Time To Tear Down & A Time To Build Up: A
Rereading of Ecclesiastes*. Grand Rapids: Eerdmans, 1999.
　　전도서의 이슈들과 논의들을 잘 논의하고 있으며, 전도서의
　　구조적 특징과 목적들도 상세하게 취급한다. 전도서 12장의

분석도 주목해 볼만하다.

Jong, De. "A Book on Labour: The Structuring Principles and the Main Theme of the Book of Qohelet." *JSOT* 54 (1992): 107-116.

전도서의 구조와 주제를 다루는 좋은 논문이다. 전도서 12장을 이해하는데 좋은 안목을 제공한다.

Limburg, James. *Encountering Ecclesiastes: A Book For Our Time*. Grand Rapids: Eerdmans, 2006.

전도서를 설교하고 가르치기 원하는 목회자들에게 유익한 전도서 연구서이다. 특히 전 12장의 분석은 매우 쉽고 간결하면서도 핵심논점을 정확하게 전달한다.

Longman III, Tremper. *The Book of Ecclesiastes*. NICOT. Grand Rapids: Eerdmans, 1998.

전도서의 에필로그를 다룰 때, 전도자와 나레이터와의 갈등과 대립으로 전도서를 분석하는 입장을 취한다.

Murphy, R. E. *Ecclesiastes*. WBC 23A. Dallas: Word Books, 1992. 김귀탁 역. 서울: 솔로몬, 2008.

지혜서 연구의 권위자의 작품으로서 전도서에 관한 저자의 수준 높은 토론과 관점을 음미할 수 있다. 전도서 12장의 분석도 매우 탁월하다.

Seow, C. L. *Ecclesiastes*. The Anchor Bible. New York: Doubleday, 1997.
전도서의 풍부한 학문적 토론을 원하는 독자들에게 필독서로 자리매김한다. 전도서 12장의 논의도 꼭 참조해 볼 만하다.

Webb, Barry G. *Five Festal Garments: Christian Reflection on the Song of Songs, Ruth, Lamentations, Ecclesiastes and Esther*. Downers Grove: InterVarsity Press, 2000.
구약의 오축의 중심 주제와 메시지를 탐구한다. 특히 전도서의 핵심 이슈들과 논점들을 매우 일목요연하게 정리한다. 전도서 12장의 의미와 목적에 관한 토론은 매우 설득력을 갖는다.

14장

"계명성" 루시퍼는
사탄을 의미하는가?[37]

너 아침의 아들 계명성이여
어찌 그리 하늘에서 떨어졌으며
너 열국을 엎은 자여
어찌 그리 땅에 찍혔는고
이사야 14:12

━━

구약에서 가장 잘못 해석되거나 오해받고 있는 본문들 가운데 하나는 단연코 "루시퍼"와 관련된 이사야 14:12일 것이다. 이사야 14:12은 "루시퍼"로 알려진 사탄의 정체를 매우 선명하게 설명해 주는 구약의 본문으로 널리 알려져 왔다. 실제로 필자가 처음 신앙생활을 시작하던 고등부 시절, 담당 전도사님은 루시퍼를 사탄의 이름으로 강조하면서 이 루시퍼의 존재를 밝혀주는 본문으로서 이사야 14:12을 종종 언급하곤 했다. 그래서 필자는 이사야 14:12에 등장하는 계명성이 사탄의 이름으로 알려진 "루시퍼"를 가리킨다고 믿기 시작했다. 그 후 필자는 이사야 14:12을 사탄의 정체를 알려주는 중요 본문으로 확신하기에 이르렀다.

원래 "루시퍼"라는 이름은 이사야 14:12에 등장하는 계명성의 라틴어 번역이다. 라틴어 역본인 벌게이트^{Vulgate} 성경은 계명성의 히브리어 "헬렐"을 "루시퍼^{Lucifer}"로 번역하였고, 그 이후로 사탄의 이름은 점차 "루시퍼"로 불리게 되었다.[38] 요즘도 여러 음악의 가사나 일반도서의 내용 중에서 "루시퍼"라는 이름이 자주 등장하는 경우가 있는데, 이런 경우 대부분 루시퍼는 사탄의 이름으로 사용된다. 비단 이런 경향은 일반 문화에 그치지 않고 교회의 설교강단이나 성경 공부 모임에도 나타난다. 안타깝게도 사탄을 루시퍼라고 부르거나 가르치는 일들은 지금도 많은 기독교 지도자들을 통해 무분별하게 행해지고 있는 실정이다.

그러나 이사야 14:12이 속한 이사야 14장의 문맥을 세밀하게 연구해 본 결과, 필자는 이사야 14:12의 계명성을 사탄의 정체와 결부시킬 수 없으며, 루시퍼는 사탄의 이름이 아니라는 사실을 깨닫게 되었다. 오히려 필자는 이사야 14장의 문맥에 근거하여 이사야 14:12에 등장하는 "계명성"이 사탄을 가리키기보다는 교만한 바벨론 왕을 의미한다는 것을 확인할 수 있었다. 그러므로 "계명성"을 사탄으로 오해하는 작금의 문제들은 이사야 14장의 문맥에 대한 몰이해에서 비롯된 것이다. 그러므로 이사야 14:12에 나오는 "계명성"의 의미를 올바로 이해하려면 이사야 14:12의 전후 문맥에 대한 관찰이 필수적이다. 여기서 우리는 이사야 14:12의 계명성을 사탄으로 해석하게 된 기독교의 역사적 배경을 잠시 살펴본 후 이사야 14장의 문맥을 집중적으로 조명할 것이며, 나아가 이런 문맥에 근거한 계명성의 올바른 의미에 관심을 기울일 것이다.

■ ■

문맥으로 관찰하기

기독교 역사에서 이사야 14:12의 계명성을 사탄으로 해석하는 전통은 일찍이 초대 교부시대부터 시작되었다. 초대 교부 중 한 사람이었던 터툴리안Tertullian, ca. A. D. 160-230은 마르시온과 대적하기 위해 저술했던 그의 작품 "마르시온을 반박함Against Marcion"에서 사탄의 교만을 묘사한다. 터툴리안은 사탄이 하늘의 구름 속에서 자리 잡고 "가장 높으신 자the Most High"처럼 행세한다고 말하면서 이사야 14:14("가장 높은 구름에 올라가 지극히 높은 이와 같아지리라 하는 도다")를 인용한다. 분명치 않지만 아마도 터툴리안은 이사야 14:12의 계명성에 해당하는 히브리어 "헬렐"을 사탄에 대한 묘사로 이해했던 것 같다.

이사야 14:12의 계명성을 보다 분명하게 사탄으로 해석한 사람은 오리겐Origen, ca. A.D. 185-254이었다. 오리겐은 계명성

("헬렐")의 몰락을 누가복음 10:18의 표현과 연결시켜서 "헬렐"을 사탄과 연결시킨다. 오리겐이 볼 때에 하늘로부터 떨어진 사탄에 대한 표현은 이사야 14:12에 등장하는 계명성을 연상시킨다. 왜냐하면 이사야 14:12의 계명성 역시 높은 곳에서 갑자기 추락하는 존재로 묘사되기 때문이다. 그리하여 제롬의 라틴역 성경(Vulgate 역본)에 등장하는 계명성의 라틴어 "루시퍼"는 점차적으로 계명성 그 자체의 의미보다는 사탄의 고유명사로 인식되기에 이르렀다. 원래 라틴어 "루시퍼"는 "빛나는 별" 혹은 "샛별the morning star"을 뜻하는 일반 명사였다. 이런 의미는 헬라어 구약성경인 70인역의 번역과 그 맥락을 같이한다.[39] 그러나 "루시퍼"라는 라틴어가 사탄으로 해석되면서 결국 이 단어는 사탄의 이름을 뜻하는 고유명사로 둔갑하고 말았다. 가령 NKJV는 계명성을 "루시퍼"라는 고유명사로 번역하고 있으며, 많은 사람들은 이 명칭을 "사탄"을 가리키는 표현으로 이해한다.

우리는 이사야 14:12의 문맥을 관찰함으로써 "계명성"의 의미를 명확히 할 필요가 있다. 이사야 14:12은 더 큰 문맥인 이사야 14:3-23에 속한다. 그러므로 이사야 14:12의 의미를 파악하기 위해서는 14:3-23의 구조적 문맥을 고찰하는 일은 필수적이다. 이사야 14:3-23의 구조에 대한 연구는 많이 진행되어 왔지만, 대체로 이 본문의 구조는 다음과 같은 구성으로 분석될 수 있다.

서론(3절)

독재자의 죽음으로 인한 평화(4b-8절)

독재자에 대한 지하 세계의 반응(9-11절)

독재자의 가식과 멸망(12-15절)

독재자의 버림받음(16-21절)

결론(22-23절)[40]

그러나 어떤 학자들은 전통적인 구조분석에서 벗어나 본문의 교차대구적 구조의 특징들에 관심을 보여 왔다.[41] 여기서는 지면의 제한 상 모든 시도들을 설명할 수 없기에 오콘넬Robert H. O'Connell의 구조분석을 간략히 소개하고자 한다. 오콘넬은 이사야 14:4b-23을 하나의 통일된 문예적 단락으로 간주한 뒤, 이 단락의 구조를 다음과 같이 분석한다.

A. 여호와께서 대적을 흩으시다(4b-5)

　B. 압제받는 자들에 대한 지배(6)

　　C. 온 땅이 안식과 평화를 누리다(7)

　　　D. 향나무와 레바논의 백향목

　　　"어느 누구도 우리를 자르지 못한다"(8)

E. 열방의 온 왕들의 놀라운 반응(9)

F. 사망한 왕들의 빈정된 표현들(10)

G. "네 영화가 스올에 떨어졌음이여"(11)

AXIS1. 빈정되는 표현(12)

AXIS2. 우주적 산을 향한 공격(13-14)

G'. "네가 스올에 떨어짐을 당하리라"(15)

F'. 사망한 왕들의 빈정되는 표현들(16-17)

E'. 열방의 모든 왕들의 안정된 상태"(18)

D'. "너는 가증한 가지 같고"

"너는 칼에 찔려…밟힌 시체 같도다"(19a-c)

C'. "너는 너의 땅을 망하게 하였도다"(19f-20c)

B'. 압제자들에 대한 지배(20d-21)

A'. 여호와께서 대적을 흩으시다(22-3)[42]

본 구조에서 오콘넬은 14:12-14을 전체 단락의 중심축으로 보며, 특히 14:13-14에 나오는 7가지 교만의 행위들이 그 이후 나머지 단락에서 역전되고 있다고 주장한다. 이 구조에 의하면, A와 A'는 대적을 흩으시는 여호와를, B와 B'는 억압받는 자의 지배와 압제자의 지배를, C와 C'는 억압당하던 땅의 평화와 억압하는 땅의 파멸을, D와 D'는 보존되는 나무들과 버림 당하는 가지들의 대조를 부각시킨다. 또한 E와 E'는 사망한 왕들과 현재의 평화로운 상태를, F와 F'는 독재자의 움직일 수 없는 상태와 이전의 그의 상태를 대조시킨다. 이와 같이 오콘넬은 이사야 14:4b-23이 12-14절을 중심축으로 하여 서로 대조를 이루는 주제들로 교차대구를 형성하고 있다고 주장한다.[43]

흥미롭게도 오콘넬의 구조분석은 이사야 14:12-14을 단락의 중심축으로 이해하고 있다. 다시 말해 이사야 14:3-23의 메시지의 중심은 이사야 14:12-14에 축약되어 있다고 해도 무리가 아니다. 더욱이 이 구조분석은 이사야 14:3-23 혹은 14:4b-23의 문맥이 사탄과는 전혀 상관없으며, 교만한 바벨론 왕을 비난하는 조소의 시임을 확인시켜 준다. 특히 이사야 14:4은 "너는 바벨론 왕에 대하여 이 노래를 지어 이르기를"이라는 표현을 통해 바벨론 왕을 직접적으로 언급하고 있으며, 22절도 "내가 일어나 그들을 쳐서 그 이름과 남은 자와 아들과 후손을 바벨론에서 끊으리라"는 표현을 통해 바벨론 왕의 심판을 더욱 부각시킨다. 그러므로 이사야 14:12의 전후문맥은 계명성이 사탄이 아니라 바벨론 왕을 가리키고 있음은 확증해 준다.

다만 본문은 이 바벨론 왕이 구체적으로 누구인지는 정확히 밝히지 않는다. 그렇다면 본문에서 저자가 비난하고 있는 이 바벨론 왕은 과연 누구인가? 이 질문에 대해 학자들은 다양한 입장들을 제시해 왔다. 첫 번째 견해는 이 바벨론 왕을 앗수르 왕 "티글랏 빌레셀Tiglath-pileser III"로 보는 입장이다. 헤이스와 어빈J. H. Hayes and S. A. Irvine은 "티글랏 빌레셀"이 자신을 바벨론의 왕이라고 자칭한 것을 근거로 삼아서 이사야가 "티글랏 빌레셀"을 바벨론 왕으로 간주했다고 주장한다.[44] 두 번째 견해는 이 바벨론 왕을 "느부갓네살" 혹은 "나보니더스"로 보는 입장이다. 클레멘츠R. E. Clements는 이사야 14장에 등장하는 바벨론 왕이 바벨론의 왕이었던 - "느부갓네살"을 가리키는 것으로 보는 것이 최상이지만 그보다도 "나보니더스"일 가능성이 더 많다고 주장한다.[45] 셋째로 스위니Marvin A. Sweeney와 같은 학자는 이 바벨론 왕을 "사르곤 2세Sargon II"로 간주한다. 스위니는 사르곤 2세의 몸이 전쟁터에서 버려졌기 때문에 이사야 14장의 바벨론 왕을 앗수르 왕 사르곤 2세로 해석한다.[46] 끝으로 스미스Gary V. Smith는 바벨론 왕 므로닥 발라단Merodach-baladan을 이사야 14장의 바벨론 왕으로 간주한다. 그는 이사야 13-14장의 배경이 이사야 39:1-8의 정치적 배경과 관련이 있다고 믿는다. 그는 이사야의 시대에 바벨론이 이스라엘의 정치적 상황에 매주 중요한 나라로 부각되었으며, 그 때는 이사야 39장의 시기와 연관성이 있다고 주장한다.[47] 그러나 오스왈트J. N. Oswalt는 앞서 제시된 모든 해석들이 단지 개연성만을 가질 뿐 결코 확실한 근거가 될 수 없다고 단언하면서 이사야 14장에 묘사된 바벨론 왕의 정체를 구체적으로 규정하는 일은 무의미하다고 강조한다. 그는 다음과 같이 말한다.

신 바벨론의 어느 왕들도 잘 맞지 않으며, 이사야 시대의 앗수르 왕들도 마찬가지이다. 비록 후자의 왕들이 이 시에서 묘사되는 백성들의 미움을 야기 시킨 왕들이기는 하지만 말이다. 티글랏 빌레셀, 사르곤 그리고 산헤립이 스스로를 바벨론의 왕으로 소개했기 때문에 이사야가 이런 왕들 사후에 어떤 상징적인 인물을 정형화하는 일은 쉬웠을 것이다. 그러나 이사야가 어떤 한 특정한 사람을 염두에 두었다는 암시는 없다.[48]

이처럼 이사야 14장의 본문 자체는 바벨론 왕의 신분을 구체적으로 언급하지 않는다. 그러므로 본문을 읽는 독자들은 단지 이 바벨론 왕의 정체를 추측만 할 뿐 구체적으로 그 정체를 규정할 수는 없다. 다만 필자는 이사야 선지자가 바벨론 왕이라는 표현을 사용했을 때 실제 어느 바벨론 왕을 염두에 두었을 것으로 추측한다. 그러나 오스왈트의 주장대로 본문에서 그 왕의 정체가 구체적으로 나타나지 않기 때문에 이 왕의 신분을 정확히 규정하는 일은 불가능하다고 판단된다. 중요한 점은 이사야 14장의 문맥과 그 논점을 파악하는 일이다. 이사야 14장의 문맥은 바벨론 왕의 정체에 관심을 기울이지 않는다. 오히려 이사야 14장의 논점은 교만한 바벨론 왕의 낮아짐과 수치에 있다. 그러므로 독자들이 관심을 기울여야 할 부분은 바벨론 왕의 정체가 아니라 교만한 그의 비극적인 운명이다.

■ ■
문맥에 뿌리내린 적용

앞서 살펴보았듯이 학자들마다 이사야 14:12의 계명성의 배경과 어원에 관해서는 서로 다른 입장을 취하지만, 이사야 14:12의 계명성을 사탄의 이름으로 해석하는 것에는 동의하지 않는다. 그 이유는 이사야 14:12의 전후문맥이 계명성을 사탄이 아닌 "바벨론 왕"으로 해석하도록 이끌고 있기 때문이다. 더욱이 중세교회의 알레고리해석을 비판하며 본문의 역사적 문법적 해석을 중요시했던 종교개혁가요 성경주석가였던 칼빈은 이사야 14:12의 계명성을 해석할 때 매우 주의가 필요함을 강조한다. 그는 이사야 14:12에 등장하는 계명성을 사탄으로 취급해서는 안 되며, 반드시 바벨론 왕으로 해석해야 한다고 강력하게 주장한다.

그[이사야]는 이 독재자를 '루시퍼'에게 비유하면서 새벽의 아들로 부른다. 그를 이렇게 묘사한 것은 그 독재자가 남보다 화려하고 밝게 단장하기 때문이다. 이 구절을 해석하면서 이것을 사단으로 보는 사람도 있는데, 이것은 무지의 소치다. 앞뒤 문맥을 살피자면 이 말이 바벨론의 왕과 관련해서 말한다는 점이 명백하게 드러난다. 성경 구절을 아무렇게나 읽으며 문맥에 무관심하다 보면 그런 실수가 잦게 된다. '루시퍼'가 마귀의 왕이요 선지자가 여기서 그에게 이런 이름을 주었다고 상상하는 것은 참으로 무지의 소치다. 이런 추측은 타당성이 없으므로 그저 쓸데없는 우화로 넘겨버리도록 하자.[49]

이처럼 이사야 14:12의 계명성을 사탄으로 해석하고 적용하는 것은 이사야 14장의 전후문맥과 의도를 완전히 벗어나는 일이다. 그럼에도 불구하고 이사야 14:12의 계명성을 사탄으로 취급하거나 루시퍼를 사탄의 이름으로 사용하는 사례들이 아직도 계속되고 있음은 매우 안타까운 일이다. 계명성은 사탄이 아니기 때문에 루시퍼는 사탄의 이름이 될 수 없다. 그러므로 이제 더 이상 루시퍼를 사탄의 이름으로 부르지 말자.

장세훈. "칼빈의 역사 문법적 해석의 의의—사 14:12의 "헬렐"의 해
석을 중심으로." 『개혁논총』 제11권 (2009): 63-85.

이사야 14:12의 계명성의 해석의 역사를 매우 체계적으로 설
명하고 있으며, 특히 칼빈의 이사야 14:12의 해석을 충실히
소개한다. 이사야 14:12에 대한 구체적인 분석과 연구를 위해
꼭 읽어야 할 논문이다.

Jensen, Joseph. "Helel Ben Shahar (Isaiah 14:12–15) in Bible
and Tradition." *Writing and Reading the Scroll of Isaiah:
Studies of an Interpretive Tradition*. Vol. I. (eds.) Craig C.
Broyles & Craig A. Evans. Leiden: Brill, 1997, 337–56.

이 논문은 이사야 14:12에 등장하는 계명성의 히브리어 "헬
렐"의 해석에 초점을 두고 있으며, 특히 유대교의 역사부터
기독교의 역사 속에서 "헬렐"의 해석과 적용의 역사에 집중한
다. 이사야 14:12에 관한 연구로는 가장 유익한 논문 가운데
하나이다.

Oswalt, John N. *Isaiah 1-39*, NICOT. Grand Rapids: Eerdmans, 1986, 이용중 역, 『이사야 I』 (서울: 부흥과 개혁사, 2015).

이 주석은 이사야 14:12의 "헬렐"의 정체에 대한 역사적 접근을 매우 상세히 다룬다. 특히 복음주의적 관점에서 기술된 매우 균형 잡힌 해석을 제공한다.

Youngblood, Ronald. "The Fall of Lucifer." *The Way of Wisdom: Essays in Honor of Bruce K. Waltke*, (eds.) J. I. Packer & Steven K. Soderlund. Grand Rapids: Zondervan, 2000, 168-79.

이 논문은 기본적으로 이사야 14:12의 "헬렐"을 사탄으로 해석하는 것을 반대하는 학자들의 입장을 수긍하면서도 사탄으로 해석할 수 있는 가능성 또한 모색한다. 특히 이사야 14장의 구조에 대한 분석은 이사야 14장을 이해하는데 큰 도움을 준다.

15장

"성경"의 짝인가
"짐승"의 짝인가?

너희는 여호와의 책에서 찾아 읽어보라
이것들 가운데서 빠진 것이 하나도 없고
제 짝이 없는 것이 없으리니
이는 여호와의 입이 이를 명령하셨고
그의 영이 이것들을 모으셨음이라

이사야 34:16

—

한국 교회 목회자들과 성도들에게 널리 알려져 있지만 가장
잘못 해석하거나 오해하는 본문 중 하나가 이사야 34:16이
다. 필자는 종종 이사야 34:16에 나오는 "빠진 것이 하나도
없고"라는 표현이나 "제 짝"이라는 단어를 인용하면서 성경
의 완전성을 강조하는 분들을 목격한다. 심지어 어느 유명
신학교에서 가르쳤던 교수출신의 목사님도 그의 저술에서
성경의 완벽함을 강조하기 위해 이사야 34:16을 언급하는
것을 본 적이 있다. 이런 문제는 비단 목회자들에게만 나타
나지 않는다. 교회의 중직을 맡은 성도들에게도 이런 현상은
동일하게 나타난다. 이들은 이사야 34:16에 등장하는 "짝"을

성경의 "짝"으로 이해하여 성경의 완벽한 조화를 강조하는 표현으로 이해하곤 한다.

필자 역시 한 때에는 이사야 34:16에 나오는 "짝"을 "성경의 짝"으로 오해하여, 이 구절이 빈틈없는 성경의 완전성을 강조하는 본문이라고 착각한 적이 있었다. 그렇지만 이 구절의 전후문맥을 조금만 상세히 살펴보아도 이 구절에 등장하는 "빠짐없는" 혹은 "짝"이라는 표현들이 성경의 완전성에 초점을 두지 않음을 금방 알 수 있다. 안타깝게도 이런 문제는 여러 목회자들의 설교나 성도들의 성경묵상에서 아직도 계속되고 있다. 과연 이사야 34:16에 등장하는 "짝"과 "빠짐없음"이라는 표현이 성경의 권위와 완벽성을 의미하는 것일까?

더 큰 문제는 최근 들어 이 구절이 이단집단들에 의해 잘못 해석되고 오용된다는 점이다. 몇 해 전 한 이단집단에서 오래 동안 활동하다가 그들의 잘못된 성경해석과 오류를 깨닫고 그 집단을 비판하는 일을 하고 있는 목회자 한 분을 만난 적이 있다. 이 분은 한때 자신이 속했던 이단집단의 성경해석의 출발점이 이사야 34:16이라고 했다. 그들은 성경을 해석할 때 중요한 단어들의 "짝"을 찾아야 하며, 그런 "짝맞춤"이야말로 성경의 진리를 풀어가는 핵심이라고 주장한다는 것이다. 그들은 이사야 34:16에 등장하는 이 "짝"을 성경의 짝으로 규정해서 성경의 중요한 진리들을 나타내는 단어들의 "짝 맞춤"이 성경읽기의 핵심이라고 역설한다.

그러나 과연 이사야 34:16에 등장하는 이 "짝"이 성경의 "짝"을 의미하는 것일까? 이사야 34:16의 문맥을 좀 더 세밀하게 파악하면, 우리는 이 "짝"이 성경의 "짝"이 아니라는 사실을 충분히 깨달을 수 있다. 그렇다면 이사야 34:16에 나타나는 이런 표현은 무엇을 의미하는 것인가? 이사야 34:16에 등장하는 "짝"이라는 단어의 의미를 파악하기 위해서는 이사야 34장의 전체 문맥을 살펴보아야 한다. 나아가 이사야 34장의 전체 문맥 속에서 이사야 34:16을 상세히 관찰하면, 이 구절에 등장하는 "짝"의 의미는 정확히 파악될 수 있다.

■ ▨

문맥으로 관찰하기

이사야 36:16의 문맥을 관찰하려면 먼저 이사야 34장의 전체 구조를 대략적으로나마 이해할 필요가 있다. 이사야 34장의 구조는 1절에 등장하는 "오라!"와 16절의 "보라!"는 명령형 동사가 이끄는 두 단락으로 크게 구분되며(34:1-15; 34:16-17), 1-15절은 "실로" 혹은 "정말로"라는 뜻의 강조형, "키"라는 히브리어가 2절, 5절, 6절, 8절에 등장하면서 이사야 34:1-15을 5단락으로 구분시켜준다(개역개정성경에는 등장하지 않는다). 더욱이 이사야서를 연구하는 여러 학자들은 이사야 34:1-15의 첫 단락이 하나님의 다섯 가지 행위를 부각시켜준다고 강조한다.[50] 특히 이런 하나님의 행위는 에돔을 포함한 열방의 백성들에게 임할 하나님의 준엄한 심판을 강화시킨다. 그러므로 본문은 열방을 향한 하나님의 심판의 메시지를 전달하며, 그 심판이 장차 미래에 반드시 이루어질 것임을 역설한다. 다시 말해, 본문은 열방을 향한 하나님의 계획과 목적이 반드시 성취될 것임을 분명히 드러낸다.

이사야 34장 전체가 "열방을 향한 하나님의 심판"의 주제에 초점을 두고 있기 때문에, 16절도 자연스럽게 이런 주제의 문맥 속에 위치한다. 여기서 우리는 16절 가운데 가장 많이 오해되고 있는 "이것들 가운데서 빠진 것이 하나도 없고 제 짝이 없는 것이 없으리니"라는 표현의 의미를 상세히 살펴볼 필요가 있다. 특히 많은 목회자들은 바로 앞에 등장하는 "너희는 여호와의 책에서 찾아 읽어보라"는 문장에 근거하여 곧이어 등장하는 "이것들"이라는 표현을 "여호와의 책" 곧 "성경"으로 해석한다.

그러나 과연 "이것들"이라는 표현은 하나님의 말씀 곧 성경을 의미하는 것인가? 한글개역개정성경, NIV, NKJV, NASB에서 "이것들these"로 번역되는 이 표현은 그 대상이 누구인지 불분명하다. 특히 "여호와의 책"은 단수형인데 반해 "이것들"은 복수형을 의미하기 때문에, "이것들"을 여호와의 책과 연결시키는 것은 무리가 있다. 물론 "이것들"이라는 표현이 복수의 성경의 내용들을 가리킨다고 주장할 수는 있지만, 본문의 문맥은 이런 해석을 지지하지 않는다. 그렇다면 이사야 34장의 문맥 속에서 "이것들"은 무엇을 가리키는 것인가? 본문의 문맥은 "이것들"이라는 표현이 16절 이전에 언급되는 "짐승들"임을 깨닫게 해 준다. 그리하여 다음과 같은 번역본들은 이사야 34:16에 등장하는 "이것들"을 짐승들로 분명하게 소개한다.

주님의 책을 자세히 읽어 보아라. 이 짐승들 가운데서 어느 것 하나 빠지는 것이 없겠고, 하나도 그 짝이 없는 짐승은 없을 것이다. 주님께서 친히 입을 열어 그렇게 되라고 명하셨고 주님의 영이 친히 그 짐승들을 모으실 것이기 때문이다.(새번역)

여호와의 책을 찾아서 읽어 보아라. 이 짐승들 가운데 하나도 빠진 것이 없겠고, 그 짝이 없는 짐승도 없을 것이다. 하나님께서 그것들을 모으겠다고 친히 말씀하셨고 하나님의 영이 그것들을 모으셨다(쉬운성경)

Not one of these birds and animals will be missing and none will lack a mate(NLT)

이사야 34장은 1-7절에서 열방을 향한 하나님의 무서운 진노의 심판을 소개하는데, 구체적으로 5절과 6절은 "여호와의 칼"이라는 이미지를 등장시켜 심판의 메시지를 드러낸다.

여호와의 칼이 하늘에서 족하게 마셨은즉 보라 이것이 에돔 위에 내리며 진멸하시기로 한 백성 위에 내려 그를 심판할 것이라 여호와의 칼이 피 곧 어린 양과 염소의 피에 만족하고 기름 곧 숫양의 콩팥 기름으로 윤택하니 이는 여호와를 위한 희생이 보스라에 있고 큰 살륙이 에돔 땅에 있음이라

나아가 본문은 8절부터 열방의 민족들 가운데 특별히 에돔에게 임할 하나님의 심판에 초점을 맞춘다. 더욱이 11-15절은 여호와의 심판의 날에 이방인들의 땅이 황폐하게 되어 짐승들의 처소가 되어버릴 것임을 선언한다.

흥미롭게도 11-15절은 황폐화 될 이방인의 땅에 거하게 될 짐승들의 다양한 목록들을 나열한다. 예를 들면 11절에는

당아새, 고슴도치, 부엉이, 까마귀를, 13절은 승냥이와 타조를, 14절은 이리, 숫염소, 올빼미를, 15절은 부엉이와 솔개를 언급하고 있다. 더욱이 15절은 솔개와 같은 짐승들이 각각 제 짝과 함께 그 땅에 거하게 될 것이라고 선언한다.

> 부엉이가 거기에 깃들이고 알을 낳아 까서 그 그늘에 모으며 솔개들도 각각 제 짝과 함께 거기에 모이리라(사 34:15)

그러므로 16절의 "이것들"은 바로 11-15절에 언급되는 짐승들을 가리키는 것이 분명하다. 좀 더 구체적으로 말하자면 16절은 이방인의 땅들이 짝을 이룬 짐승들만이 거하게 되는 황폐화된 처소가 될 것임을 선포하고 있는 것이다.[51] 그렇다면 16절에 등장하는 "여호와의 책"은 무엇을 가리키는 것일까? 학자들마다 다양한 견해가 있지만, "책"으로 번역된 히브리어 "세페르"는 좀 더 정확하게 "두루마리"를 뜻하기 때문에, 이 단어는 11-15절을 포함하여 이방인의 심판의 메시지를 담고 있는 이사야의 예언의 두루마리를 의미한다고 볼 수 있다.

■■
문맥에 뿌리내린 적용

지금까지 살펴본 대로, 이사야 34:16에 등장하는 "짝"은 문맥적으로 볼 때 성경의 짝이 아니라 짐승의 짝임을 확인하였다. 안타깝게도 여러 목회자들이나 성도들은 성경의 완전성이나 무흠함을 강조하는 본문으로 이사야 34:16을 사용한다. 왜 그들은 이 구절에 등장하는 "짝"을 성경의 짝으로 이해하는 것일까? 아마도 성경의 절대적 완전성을 신뢰하는 그리스도인들에게 이사야 34:16은 쉽게 눈에 띄는 본문이었을 것이다. 그러다보니 이 구절의 전후문맥을 전혀 고려하지 않은 채 이 본문에 등장하는 "짝"을 성경의 짝으로 쉽게 오해했을 가능성이 크다. 실로 이사야 34:16에 등장하는 "짐승의 짝"을 "성경의 짝"으로 잘못 해석할 때, 본문의 문맥을 통해 강조되는 "이방인을 향한 하나님의 심판과 그 약속의 확실성"에 대한 논점은 쉽게 무시된다. 이처럼 문맥을 고려하지 않은 잘못된 해석은 매우 심각한 적용의 오류를 낳게 한다. 반면에 문맥에 기초한 해석은 올바른 적용을 가능케 한다. 그러므로 우리는 문맥을 중요시하는 해석을 통해 본문의 의미를 드러내고 적절한 적용을 이끌어 낼 수 있어야 한다. 결론적으로 이사야 34:16을 읽고 해석하는 목회자들이나 성도들은 "빠짐없음"과 "짝"이라는 표현들이 "성경의 빠짐없음"과 "성경의 짝"이 아니라 "짐승의 빠짐없음"과 "짐승의 짝"을 가리키며, 이방인을 향한 하나님의 심판의 약속과 그 성취의 중요성을 강조하고 있음을 잊지 말아야 한다. 이사야 34:16의 짝은 성경의 짝이 아니라 짐승의 짝이다!

박윤선. 『이사야서 (상)』. 서울: 영음사, 2002.

한국 성경신학자의 이사야 주석으로서 본문의 의미를 설명하기 위한 노력들이 잘 묻어나고 있다. 비록 상세한 주석은 제공하지 않지만 문맥의 의도를 파악하려는 저자의 손길을 엿볼 수 있다.

Childs, Brevard S. *Isaiah*. Old Testament Library. Louisville: Westminster John Knox Press, 2000.

정경적 해석의 대가 차일즈가 생애 마지막에 집필한 이사야서 주석으로서 34장의 의도와 신학적 메시지를 파악하는데 도움을 준다.

Motyer, J. Alec. *Isaiah*. Tyndale Old Testament Commentary. Downers Grove: InterVarsity Press, 1999.

영국의 복음주의를 대변하는 모티어의 이사야서 주석이다. 이사야사 34장의 구조와 본문 속에 등장하는 단어들의 의미를 매우 충실히 분석하고 설명한다.

Oswalt, John N. *Isaiah 1-39*. NICOT. Grand Rapids: Eerdmans, 1986, 이용중 역, 『이사야 I』(서울: 부흥과 개혁사, 2015).

보수주의 이사야서 주석으로서는 가장 돋보이는 책이다. 저자의 본문 분석은 매우 상세하면서도 통찰력 있는 관점들을 제공한다. 특히 저자가 제시하는 34장에 대한 분석은 본문의 의도를 파악하는데 큰 유익을 제공한다.

Smith, Gary V. *Isaiah 1-39*. New American Commentary. Nashville: Broadman & Holman Publisher, 2007.

미국 침례교 출신의 학자들이 집필한 주석 시리즈 NAC의 이사야 주석이다. 저자는 보수적인 입장을 견지하면서 치밀한 본문의 주석을 진행한다. 최근에 출간된 복음주의 이사야서 주석으로는 가장 추천할만한 책이다. 특히 34장에 대한 매우 상세한 분석은 34장의 구조와 의미를 이해하는데 큰 도움을 준다.

Watts, John D. *Isaiah 1-33*. WBC 24. Waco: Word Books, 1985. 강철성 역. 『이사야 1-33』. 서울: 솔로몬, 2002.

이사야서를 하나의 드라마로 보는 왓츠의 문학적 접근이 선명히 드러나는 주석서이다. 34장에 대한 저자의 해석은 매우 간략하지만 본문의 논점을 명확히 제시한다.

Young, Edward J. *The Book of Isaiah*. Vol. 1. Chapters 1–18. NICOT. Grand Rapids: Eerdmans, 1965. 장도선·정일오 역. 『이사야서 주석 1』. 서울: 기독교문서선교회, 2007.

미국 보수주의를 대변했던 영의 이사야서 주석서이다. 비록 세월이 많이 흘렀지만 이사야 34장에 대한 저자의 풍부한 해설은 본문의 의미를 이해하는 유익한 안목을 제공한다.

16장

하나님의
어머니 이미지, 어떻게
강조되어야 하는가?[52]

여호와께서 이와 같이 말씀하시니라
라마에서 슬퍼하며 통곡하는 소리가 들리니
라헬이 그 자식 때문에 애곡하는 것이라
그가 자식이 없어져서
위로 받기를 거절하는 도다
예레미야 31:15

━

성경에 등장하는 메타포의 용법은 종종 본문의 메시지의 의
도를 강화시켜 의미의 선명성을 더욱 부각시켜준다. 가령 우
리가 잘 알고 있는 시편 23편은 여호와를 목자의 이미지로
묘사하고 있으며, 호세아 선지자는 바람난 아내를 끝까지
버리지 않는 남편의 모습으로 하나님을 그리고 있다. 이처
럼 하나님의 이미지를 다양한 메타포로 표현하는 구약의 묘
사방식은 하나님의 성품의 다양성과 그 깊이를 풍성히 드러
내준다. 흥미롭게도 구약의 몇몇 본문들은 하나님의 마음을
"어머니"의 심정에 비유한다. 이와 같은 하나님의 "어머니"
이미지는 하나님의 여러 성품들 가운데 하나의 특징을 매우

구체적으로 드러내 주는 중요한 메타포임에 틀림없다. 그러나 일반 독자들은 하나님의 "어머니" 이미지의 중요성을 종종 지나쳐버리는 경우가 많다. 이는, 구약의 문화적 배경이 가부장 중심 사회이며 이에서 자연스럽게 비롯된 "아버지" 하나님의 이미지가 우리를 압도하기 때문일 것이다. 한편으로 "어머니" 이미지를 강조하면서 하나님의 "아버지" 호칭을 의도적으로 무시하려한 일부 자유주의 신학의 영향도 하나님의 어머니 이미지의 중요성을 꺼리게 하는 요인으로 작용하기도 한다.

필자는 하나님을 3인칭 남성형으로 사용하는 히브리 본문의 의도는 존중되어야 하며, "하나님 아버지"의 호칭은 그대로 지켜져야 한다고 믿는다. 그러나 "하나님 아버지"의 호칭 때문에 하나님의 "어머니" 이미지를 의식적으로 부정하는 우를 범해서는 된다. 구약 성경이 하나님의 여러 성품들을 묘사하기 위해 다양한 이미지들(예를 들면, 사자, 곰, 반석, 용사)을 사용하고 있으며, 어머니의 이미지를 통해 하나님의 따뜻하고 애틋한 사랑을 묘사하고 있음은 결코 간과되어서는 안 된다. 예를 들면 선지자 호세아의 아들, "로루하마"라는 이름의 "루하마"는 여인의 자궁을 뜻하는 단어에서 파생된 단어이며, 자식을 향한 어머니의 사랑을 이미지화 한 것이다. 그러므로 이념화된 신학 논쟁 때문에 성경이 분명하게 제시하고 있는 하나님의 "어머니" 이미지를 애써 외면하는 것은, 그야말로 구더기 무서워 장 못 담그는 어리석음이라 할 수 있을 것이다. 이런 "어머니" 이미지를 강조하는 대표적인 구약본문이 바로 예레미야 31:15이다. 이 구절에 나타난 하나님의 "어머니" 이미지는 이 구절의 전후문맥을 관찰함으로써 확연히 드러난다.

■■
문맥으로 관찰하기

예레미야 31:15은 예레미야 31:15-26의 더 큰 문맥 속에 위치한다. 예레미야 31:15-26은 다양한 시적 메타포와 이미지 그리고 수사적 용법들이 등장하는데, 특히 하나님의 "어머니" 이미지가 부각되고 있음은 눈여겨 볼만하다. 예를 들면, 마튼스Elmer A. Martens는 예레미야 31장이 하나님의 사랑을 반영해 주는 다양한 그림 언어들을 사용하는 바, 특히 15-26절은 31장 안에서 하나님을 묘사하기 위해 다음과 같은 네 가지의 은유를 집중적으로 사용한다고 주장한다.[53]

- 이스라엘의 아비-보호(1-9)
- 하나님의 사랑 이스라엘의 목자-공급자(10-14)
- 이스라엘의 어미-위로자(15-26)

• 이스라엘의 언약 체결자—백성의 창조자(27-40)

반면에 필자는 예레미야 31:15의 근접문맥인 31:15-22의 구조를, 라헬의 통곡과 에브라임의 탄식에 대한 하나님의 응답의 관점으로 분석한다.

A. 라헬의 통곡(31:15)

  B. 라헬의 통곡에 대한 하나님의 응답(31:16-17)

A′. 에브라임의 탄식(31:18-19)

  B′. 에브라임의 탄식에 대한 하나님의 응답

    (31:20-22)

예레미야 31:15은 포로로 잡혀가는 이스라엘의 비극적 운명을 안타까워하시는 하나님의 마음이 자식을 떠나보내는 어미의 심정으로 그려지고 있다. 특히 이 구절에서 하나님의 마음이 슬픔에 빠진 라헬의 통곡으로 묘사되고 있음은 매우 흥미롭다. 여기서 어머니의 심정으로 그려지는 하나님의 슬픔을 나타내는 예레미야 31:15을 좀 더 구체적으로 살펴보자.

예레미야 31:15은 하나님의 슬픔으로 시작한다. 하나님은 포로로 잡혀갈 백성들의 참상을 라헬의 슬픔으로 묘사한다. 그러므로 15절의 이미지는, 죽은 라헬의 슬픔이 아니라,

모든 이스라엘의 어머니들로 대변되는 라헬에 초점을 맞추고 있다. 라헬은 포로로 잡혀가는 자식들을 바라보며 라마에서 통곡을 한다. 라마는 지금의 엘람이라는 곳으로서 예루살렘으로부터 북쪽으로 5마일 떨어져 있으며, 벧엘로 가는 에브라임 접경 근처에 있다. 그러나 이곳은 남 유다에 속해 있는 베냐민 지파의 영역에 속해 있었다(수 18:25). 특히 이곳은 유다 백성들이 바벨론으로 잡혀갈 때 집결되었던 장소이기도 하다(렘 40:1).

라헬은 요셉과 베냐민의 어미였고 에브라임과 므낫세의 조모였다. 특히 라헬의 아픔은 창세기에 나오는 베냐민의 출생 과정에서 잘 묘사되고 있다.

> 그들이 벧엘에서 길을 떠나 에브랏에 이르기까지 얼마간 거리를 둔 곳에서 라헬이 해산하게 되어 심히 고생하여 그가 난산할 즈음에 산파가 그에게 이르되 두려워하지 말라 지금 네가 또 득남하느니라 하매 그가 죽게 되어 그의 혼이 떠나려 할 때에 아들의 이름을 베노니라 불렀으나 그의 아버지는 그를 베냐민이라 불렀더라(창 35:16-18)

그녀는 베냐민을 낳고 난 뒤 죽기 전에 그 아들의 이름을 "베노니" 즉 "내 슬픔의 아들"이라고 불렀다. 그러나 야곱은 그의 이름을 "베노니"에서 "베냐민" 즉 "내 오른 팔의 아들"로 바꾸었다. 실제로 라헬은 "자기가 야곱에게 아들을 낳지 못함을 보고 그 형을 투기하여 야곱에게 이르되 나로 자식을 낳게 하라 그렇지 아니하면 내가 죽겠노라"(창 30:1)고 간청한다. 그리하여 라헬은 자식을 갖게 되지만 그 자식은 그녀에게 죽음의 고통을 안겨다 준다. 흥미롭게도 이런 라헬의 슬픔은 예레미야 31:15에서 바벨론으로 끌려가는 이스라엘 자손들의 비극("자식이 없으므로")과, 이제는 더 이상 국가로서 존재할 수 없는 이스라엘의 현실의 아픔을 전달하는 극적인 방식으로 묘사된다.

그러므로 본문에 묘사된 라헬은 모든 이스라엘의 어머니를 대표하고 있음이 분명하다. 실로 라헬로 묘사되는 이 어머니의 이미지는 자식 때문에 슬퍼하는 어머니의 심정을 강조한다. 마치 자식과 생이별을 해야만 하는 어머니의 심정이 바로 바벨론 유수를 바라보는 하나님의 심정인 것이다.

이런 라헬로 대변되는 하나님의 어머니 이미지는 신약에서도 나타난다. 신약의 저자는 라헬의 슬픔을 헤롯왕의 유아살해와 연결시킨다.

이에 헤롯이 박사들에게 속은 줄 알고 심히 노하여 사람을 보내어 베들레헴과 그 모든 지경 안에 있는 사내아이를 박사들에게 자세히 알아본 그 때를 기준하여 두 살부터 그 아래로 다 죽이니 이에 선지자 예레미야를 통하여 말씀하신 바 라마에서 슬퍼하며 크게 통곡하는 소리가 들리니 라헬이 그 자식을 위하여 애곡하는 것이라 그가 자식이 없으므로 위로 받기를 거절하였도다 함이 이루어졌느니라(마 2:16-18)

그러므로 예레미야 31:15과 마태복음 2:18에 암시되는 라헬의 이미지는 아들 때문에 겪는 라헬의 슬픔이 상징적으로 계속 적용되고 있음을 시사해 준다. 자식으로 인한 고통은 바벨론 유수 사건에서 끝나지 않는다. 바벨론 유수 이후에도 이런 비극은 끝나지 않는다. 훗날에 이스라엘의 유아들은 메시아를 받아들이지 못하는 유대인들의 불신앙 때문에 학살을 당하게 된다(마 2:16-18). 자식으로 인한 라헬의 슬픔은 후손들의 죄로 인한 바벨론 포로와 메시아를 거부하는 불신앙으로 인한 유아학살에 대한 이스라엘의 어머니들의 슬픔으로 계속 적용된다. 그러므로 라헬은 자식들 때문에 겪는 이스라엘 어미들의 슬픔을 상징하며, 이 어머니들의 슬픔은 이스라엘 백성들을 향한 하나님의 애달픈 심정을 전달한다.

문맥에 뿌리내린 적용

분명 자식과의 이별로 인한 라헬의 눈물은 바벨론 포로로 잡혀가는 이스라엘의 어미들의 비극을 시사해준다. 어쩌면 이스라엘의 역사는 이스라엘의 고난을 슬퍼하는 라헬의 눈물의 역사라고 해도 과언이 아니다. 바벨론 70년의 포로 생활, 연이은 페르시아와 헬라제국의 식민 통치, 그리고 주후 70년에 발생한 로마제국의 이스라엘 정복은 끝없이 흐르는 라헬의 눈물을 연상시킨다. 더욱이 마태는 메시아를 거부하는 헤롯과 유대인들의 유아학살을 라헬의 눈물과 연결시킨다 (마 2:16-18). 그럼에도 불구하고 마태는 도래하신 다윗의 후손이 새로운 이스라엘을 창조하여 라헬의 눈물이 멈추게 될 것임을 강조한다. 예수 그리스도는 그의 새 백성들을 예레미야가 약속한 새 언약으로 인도할 것이며, 계속되어 온 포로의 비극은 마침내 종식될 것이다. 이스라엘의 실패와 비극적인 결과를 상징하는 라헬의 슬픔은 오직 다윗의 자손으로 오신 예수 그리스도 안에서 궁극적으로 해결될 수 있다.

이처럼 예레미야 31:15에 등장하는 하나님의 어머니 이미지는 자신의 잘못을 뉘우치는 자식을 향해 내장이 뒤틀리듯 애처로운 마음으로 그리고 산모의 자궁처럼 포근하고 따뜻한 마음으로 품으시는 하나님의 무한하신 모성애적 사랑을 연상시킨다. 비록 하나님을 떠났으나 그 잘못을 뉘우치고 여호와께로 돌아가고자 결심하며 회복을 간구하는 이스라엘을 향해 여호와는 어머니와 같은 심정으로 그의 백성을 자비와 긍휼로 이끄시며 새로운 회복을 약속하신다. 이 같은 자식과 부모와의 아름다운 재회는 누가복음 15:11-32에 등장하는 탕자의 비유의 아버지의 이미지를 통해 더욱 인상적으로 그려진다. 하나님은 오늘도 주님의 말씀을 떠난 현대의 탕자들에게 다시 주님의 품으로 돌아오기만을 원하시며, 그 아름다운 재회의 시간을 간절히 고대하신다. 이처럼 라헬의 아픔을 통해 어머니의 심정을 표현하는 예레미야의 표현방식은 모성애적 이미지로 그려지는 하나님의 성품을 극대화시킨다. 그러므로 예레미야 31:15을 묵상하는 독자들은 여호와의 "어머니" 이미지를 거북하게 여길 것이 아니라 이런 이미지를 통해 나타난 하나님의 긍휼과 사랑을 더욱 뜨겁게 고백해야 할 것이다.

장세훈. "아름다운 재회(렘 31:15-22)", 『프로에클레시아』 제10권 (2006): 101-114.

예레미야 31:15의 전후문맥과 본문분석 및 적용을 제시하는 논문으로서 설교와 적용에 도움이 된다.

Brueggemann, Walter. *Jeremiah: Exile and Homecoming.* Grand Rapids. Eerdmans, 1998.

전문적인 주석은 아니지만 본문의 의미를 파악하는데 도움을 주는 통찰력을 제공한다. 특히 예레미야 31:15의 의미를 이해하는 필요한 정보들을 제시한다.

Fretheim, Terence E. *Jeremiah.* Macon: Smyth & Helwys, 2002.

예레미야 주석서로서 추천할 만한 작품이다. 저자의 분석은 명쾌하며 논점을 정확히 제시한다. 예레미야 31:15의 분석도 매우 유익하다.

Huey Jr., F. B. *Jeremiah, Lamentation*. NAC. Nashville. Broadman Press, 1993.

복음주의적 관점에서 접근하는 좋은 주석서이며, 특히 목회 자들에게 추천하고픈 책이다.

Lundbom, Jack R. *Jeremiah 21-36*. Doubleday. The Anchor Bible, 2004.

예레미야서에 대한 가장 탁월한 전문적인 주석서인데 수사 비 평적 접근이 눈에 띈다. 실천적인 면보다는 학술적인 토론이 이 책을 압도한다. 예레미야 31장에 관한 좀 더 전문적인 토론 을 원하는 독자들에게 추천하고픈 책이다.

Martens, Elmer A. *Jeremiah*. Scottdale, Herald Press, 1986.

복음주의적 관점에서 기술한 돋보이는 예레미야 주석서이다. 전문적 토론은 다소 부족하지만 예레미야 31장에 관한 저자의 관점은 유익하다. 목회자들이나 평신도들에게 필요한 책이다.

Petterson, Richard. "Parental Love as a Metaphor for Divine-Human Love." *JETS*. 46/2. (2003): 205-216.

성경에 나타난 하나님의 부모 이미지에 대한 연구논문으로서 저 자의 복음주의적 관점을 엿볼 수 있다. 하나님의 아버지와 어머 니의 이미지에 대한 연구를 원한다면 이 논문을 참고하기 바란다.

17장

다니엘서 1장의 이야기는
채식의 중요성을
말하는가?

다니엘은 뜻을 정하여 왕의 음식과
그가 마시는 포도주로 자기를 더럽히지 아니하리라 하고
자기를 더럽히지 아니하도록 환관장에게 구하니
하나님이 다니엘로 하여금 환관장에게
은혜와 긍휼을 얻게 하신지라…
다니엘이 말하되 청하오니 당신의 종들을
열흘 동안 시험하여 채식을 주어 먹게 하고
물을 주어 마시게 한 후에 당신 앞에서 우리의 얼굴과
왕의 음식을 먹는 소년들의 얼굴을 비교하여 보아서
당신이 보는 대로 종들에게 행하소서 하매
그가 그들의 말을 따라 열흘 동안 시험하더니
열흘 후에 그들의 얼굴이 더욱 아름답고
살이 더욱 윤택하여 왕의 음식을 먹는
다른 소년들보다 더 좋아 보인지라
그리하여 감독하는 자가 그들에게 지정된 음식과
마실 포도주를 제하고 채식을 주니라

다니엘 1:8-16

요즘 TV방송을 보면 가장 많이 등장하는 프로그램은 웰빙 음식과 관련된 것들이다. 이름 꽤나 알려진 요리사들이 출현하면서 자신만의 요리 노하우를 앞 다투어 소개한다. 그런데 이런 요리 프로그램에서 저마다 중요시하는 부분은 건강이다. 다시 말해 어떤 음식과 요리가 인체의 건강에 유익하며 장수에 도움이 되는가를 심도 있게 다룬다. 이와 같은 건강을 위한 음식의 주제는 비단 일반 대중뿐만 아니라 그리스도인들에게도 큰 관심의 대상이 된다. 미국의 경우 소위 "할렐루야 다이어트"라는 프로그램이 있는데 주로 육식위주의 식단에 반대하며 채식위주의 식사를 통한 건강유지를 권장한다.

심지어 어떤 사람은 건강을 유지하는 식단비결이 성경에 구체적으로 제시되어 있다고 주장하기도 한다. 이런 사람들이 가장 많이 인용하는 성경본문이 바로 다니엘 1장이다. 필자는 한국의 어느 대형교회 목사님의 설교 중에서 성경을 열심히 읽으면 건강에 유익한 정보를 얻을 수 있으며, 특히 다니엘 1장에 등장하는 다니엘의 채식 이야기를 강조하는 것을 들은 적이 있다. 이 목사님은 다니엘 1장을 주의 깊게 읽어보면 성도들의 건강이 채식과 관련이 있다고 강조하였다. 나아가 이 목사님은 성경에 나오는 인물들이 먹었던 음식이 건강에 좋다는 의사를 거듭 피력하였는데 에스겔, 다니엘, 세례요한 등이 먹었던 음식을 나열하곤 했다. 다니엘이 육식을 하지 않고 채식을 했지만 육식을 하던 때보다 더 건강하게 되었다며 거듭 채식의 중요성을 강조했다. 이 설교를 듣던 성도들은 모두들 "아멘"으로 화답하며 채식을 통한 건강 비결이 하나님의 뜻이라고 굳게 믿는 듯 했다. 이 목사님이 한국 교회에 꽤 큰 영향력을 끼치는 분이시라 이 분의 설교를 듣던 필자는 다소 걱정과 염려를 할 수 밖에 없었다. 왜냐하면 이 목사님의 이런 생각이 그 교회 성도들뿐만 아니라 다른 교회 성도들에게도 영향을 미칠 수 있었기 때문이다.

그러나 과연 다니엘 1장은 육식이 아닌, 채식의 중요성을 강조하는가? 다니엘 1장에서 다니엘의 채식은 단순히 건강을 위한 시도였나? 다니엘 1장의 문맥을 심도 있게 살펴보면, 다니엘의 채식이 건강의 이슈와 상관없음을 알 수 있다. 다시 말해 다니엘 1장은 우리에게 건강의 비결을 알려주는 건강지침서가 아니다. 그렇다면 다니엘 1장의 문맥 속에서 다니엘의 채식 이야기가 던져주는 핵심 메시지는 무엇일까? 우리는 다니엘 1장의 채식 이야기의 문맥을 확인하기 위해 다니엘 1장의 구조와 핵심 논점을 파악할 것이다.[54]

■ ■

문맥으로 관찰하기

다니엘 1장의 문맥에 나타난 다니엘의 신앙적 모범을 알아보

려면 먼저 다니엘서 1장의 구조와 중심 논점을 살펴보아야
한다. 다니엘 1장은 바벨론 궁중에서 음식 문제로 어려움을
겪는 다니엘의 고통스런 시간들과 그런 시련을 극복하도록
다니엘과 함께 하시는 하나님의 간섭하심을 보여준다. 아래
와 같은 구조는 다니엘 1장을 이해하는데 더욱 도움을 준다.

A. 역사적 서론(1-2절)
　B. 훈련 받기 위해 잡혀온 다니엘과 친구들(3-7절)
　　C. 시험의 이야기(8-16절)
　B'. 훈련을 통과한 다니엘과 친구들(17-20절)
A'. 역사적 결론(21절)

위의 구조에서 나타나듯이, 다니엘 1장은 1-2절과 21절
이 각각 서론과 결론의 역할을 수행하며, 3-7절과 17-20절
은 각각 다니엘과 그의 친구들의 삶에 초점을 두고 있으며,
끝으로 8-16절은 다니엘과 그의 친구들에게 닥친 위기를 부
각시킨다. 그러면 이런 구조를 통해서 드러나는 다니엘의 시
험 이야기의 문맥과 그 핵심적 메시지는 무엇인가? 여기서
우리는 먼저 다니엘서 1장의 구조에 따라 문맥의 내용을 상
세히 분석하면서 시험 이야기의 중심 메시지를 집중적으로
찾아볼 것이다.

A. 역사적 서론(1-2절)

다니엘 1장은 "유다 왕 여호야김이 다스린 지 삼 년이 되는 해에 바벨론 왕 느부갓네살이 예루살렘에 이르러 성을 에워 쌌더니 주께서 유다 왕 여호야김과 하나님의 전 그릇 얼마를 그의 손에 넘기시매 그가 그것을 가지고 시날 땅 자기 신들의 신전에 가져다가 그 신들의 보물 창고에 두었더라"는 문장으로 시작한다. 여기서 2절에 등장하는 "그의 손에 넘기시매"라는 말은 다니엘서 전체의 목적과 의도를 암시하는 표현이다. "넘기다"는 히브리어 동사, "나탄"은 다니엘서에 반복해서 등장하는데, 특히 1장에서도 거듭 등장한다. 본문의 저자는 이스라엘의 멸망의 원인을 하나님의 섭리로 돌린다. 다시말해, 이스라엘이 바벨론에 의해 멸망당한 것은 하나님께서 이스라엘을 바벨론의 손에 넘기셨기 때문이라고 본다. 바벨론은 단지 하나님의 심판의 도구에 불과했던 것이다.

여기서 저자는 여호와께서 모든 역사를 주관하고 있음을 강조한다. 비록 인간의 눈에는 바벨론 제국의 힘과 능력이 매우 놀랍게 여겨지겠지만 실상은 그 제국을 실질적으로 주관하는 분은 바로 전능하신 여호와 하나님이시다. 그러므로 이와 같은 관점은 환란과 고난을 겪는 하나님의 백성들에게 매우 중요한 메시지를 던져준다. 비록 그들이 이방 세계로부터 무수한 핍박과 고통을 겪을 수 있지만 모든 역사의 주관자가 바로 하나님이라는 사실을 기억할 때 현재의 고난을 믿음으로 이겨낼 수 있게 된다. 그러므로 다니엘서 1장 1-2절은 다니엘서 전체의 서론 중에서도 서론에 해당하는 중요한 표현이라고 할 수 있다.

B. 훈련받기 위해 잡혀온 다니엘과 친구들(3-7절)

바벨론의 왕은 이스라엘의 왕족과 귀족 출신의 몇 몇 사람들을 훈련시켜서 왕궁의 일꾼으로 사용할 계획을 세웠고, 이들 가운데 다니엘과 그의 친구들도 포함되었다. 이들의 훈련을 맡은 환관장은 제일먼저 다니엘과 그의 친구들의 이름을 모두 바벨론식으로 개명시킨다. "하나님은 나의 심판자"라는 뜻의 다니엘은 "벨[바벨론 만신전의 최고신 말둑]이 그의 생명을 지키다"는 뜻의 벨드사살로, "여호와는 자비로우시다"는 뜻의 하나냐는 "아쿠[수메르의 달신]의 명령"이라는 뜻의 사드락으로, "하나님은 누구이시냐?"라는 뜻의 미사엘은 "누가 아쿠이신가?"라는 뜻의 메삭으로, "여호와께서 도우셨다"라는 뜻의 아사랴는 "느보[말둑신의 아들 나부]의 종"이라는 의미의 아벳느고로 개명되었다. 이들의 새 이름은 모두 바벨론의 신들과 관련이 있으며, 이스라엘 백성의 정체성을 희석시키는 역할을 한다. 무엇보다 이들의 새 이름을 통해 암시된 신앙의 위기는 궁정의 훈련기간을 통해 더욱 구체적으로 나타난다. 그들에게 닥친 가장 큰 신앙의 위기는 무엇인가?

C. 시험의 이야기(8-16절)

다니엘과 그의 친구들에게 찾아온 가장 큰 시험은 왕이 베푼 음식과 포도주 때문에 발생한다. 바벨론 왕은 궁정관료로 훈련 받는 자들을 위해 특별히 정성스런 음식을 제공한다. 특히 5절에 등장하는 "왕의 음식"은 "파트박"이라는 히브리어로 "최상의 음식"을 뜻한다. 그런데 이 음식은 다니엘과 그의 친구들에게는 먹을 수 없는 것들이었다. 그들은 왜 이 음식과 포도주를 먹을 수 없었던 것일까? 아마도 두 가지의 가능한 이유를 추론해 볼 수 있을 것이다. 첫째, 이 음식들에는 구약의 율법에 금하는 부정한 것들이 포함되어 있었을 수 있다. 예를 들면 부정한 식물이나 피가 있는 고기들이 음식으로 제공되었을 가능성이 있다. 둘째, 포도주는 이방신들에게 바쳐진 제물의 일부였을 가능성도 있다.

안타깝게도 다니엘과 그의 친구들이 포로로 잡혀간 바벨론이라는 이방 세계는 구약의 율법을 인정하지 않는다. 그러므로 다니엘과 그의 친구들이 부정한 음식 때문에 겪는 어려움은 부정한 이방 세계 속에서 하나님의 언약 백성들이 언제나 시험과 위기를 겪게 됨을 시사한다. 그렇다면 그들이 이 음식을 거절함으로 인해 당하는 어려움은 무엇일까? 무엇보다도 왕이 특별히 준비한 진미를 거절한다는 것은 왕의 진노를 살 수 있음을 암시한다. 다시 말해, 음식을 먹지 않는 것은 단순히 음식을 먹지 않는 것으로 끝나지 않고 더 혹독한 결과를 치러야 함을 의미한다. 나아가 음식을 거절하는 순간 궁정에서의 보장된 삶은 더 이상 기대할 수 없게 된다. 뿐만 아니라 다니엘과 친구들은 이 왕의 음식을 거부하면 어떤 기회를 놓칠 수 있을까? 아마도 그들은 궁정에서의 훈련의 과정을 거친 후 더욱 높은 자리로 출세할 수 있었을 것이다. 그러므로 그들이 왕의 음식을 거부하는 것은 더 나은 권력의 자리로 올라 갈 수 있는 가능성을 스스로 포기하는 것이 된다. 이와 같은 유혹과 위기의 상황 속에서 다니엘과 친구들은 왕의 음식을 먹느냐 먹지 않느냐를 선택해야만 했다.

결국 다니엘과 그의 친구들은 타협보다는 신앙적 결단을 선택한다. 그리하여 왕의 음식 대신에 채소만을 먹게 해달라고 환관장에서 부탁한다. 10일이 지난 후, 놀라운 일이 발생한다. 채소만을 먹은 다니엘과 친구들의 얼굴 상태는 왕의 진미를 먹은 자들보다 비교할 수 없을 만큼 좋아 보였다. 이런 결과는 신앙적 결단을 선택한 다니엘과 그의 친구들을 향한 하나님의 놀라운 섭리를 강조한다.

B'. 훈련을 통과한 다니엘과 그의 친구들(17-20절)

다니엘과 그의 친구들이 타협이 아닌, 신앙적 결단을 선택했을 때, 하나님은 그들의 얼굴의 상태가 다른 이들보다 더 좋게 만드셔서 환관장을 놀라게 만드셨다. 더욱이 하나님은 위기의 순간에 여호와를 믿고 신뢰한 다니엘과 그의 친구들에게 하나님의 지혜를 주신다. 이 지혜는 모든 환상과 꿈을 깨달아 알 수 있는 놀라운 능력으로서 오직 하나님으로부터 주어지는 것이다. 누가 이런 지혜를 소유할 수 있는가? 위기의 순간에도 오직 여호와를 믿고 신뢰하는 자들에게 이런 놀라운 지혜가 주어진다. 그리고 그들의 지혜는 모든 사람들보다 뛰어난 것이었고, 결국 그들은 높은 자리에 오르게 되었다. 이것은 고난 속에서 여호와만을 의지한 자를 신원해 주시는 하나님의 섭리를 강조해 준다.

A'. 역사적 결론(21절)

다니엘은 하나님의 지혜를 받아서 이방 세계에서 높임을 받았으며, 바벨론 제국뿐만 아니라 고레스가 다스렸던 페르시아 제국에서도 놀라운 활약을 나타낸다. 이처럼 다니엘서 1장의 문맥은 위기의 순간에 여호와를 의지했던 다니엘과 그의 친구들을 높이시며 그들을 사용하시는 하나님의 주권과 섭리를 강조한다.

문맥에 뿌리내린 적용

앞의 구조에서 잘 나타나듯이 다니엘 1장의 문맥의 중심은 다니엘과 그의 친구들의 시험 이야기(C)이다. 다니엘서 1장은 다니엘과 친구들이 당한 시험에 초점을 두고 있으며, 이런 시험의 과정을 어떻게 통과하고 극복했는가를 부각시킨다. 그러므로 다니엘서 1장의 문맥은 다니엘과 그의 친구들에게 닥친 음식의 문제와 이런 위기 앞에서 그들이 보인 신앙적 결단과 행동을 강조한다. 유다에서 포로로 잡혀온 그들은 궁정관료가 될 수 있는 기회를 얻어 훈련의 시간을 갖게된다. 그러나 그들은 곧바로 신앙적 위기에 직면한다. 그렇다면 다니엘서의 첫 시작부터 다니엘과 그의 친구들의 시험이 부각되고 있는 이유는 무엇인가? 그것은 다니엘과 그의 친구들의 이야기를 통해 장차 불신자들로부터 겪게 될 종말의 환란의 시대를 바라보며 그런 핍박 속에서도 진정한 신앙인의 모습이 어떠해야 하는가를 하나의 모델로 제시하기 위해서이다.

실로 그들은 부정한 음식을 먹을 것인가 아니면 그것을 거부할 것인가를 선택해야만 하는 기로에 서게 된다. 그들이 부정한 음식을 거부한다면 어떤 일이 발생할까? 왕이 특별히 배려하여 준비한 정성스런 음식을 거절한다면 그들은 아마도 심각한 처벌을 받게 될 것이다. 반면에, 그들이 이 부정한 음식을 먹는다는 것은 무엇을 의미하는가? 그것은 언약의 말씀에 순종하지 않는 것이며, 부정한 이방인과 구별되어야 할 언약 백성으로서의 의무를 저버리는 것이다. 또한 그러한 행동은 세상과의 적절한 타협을 의미한다. 그러므로 왕의 음식을 먹느냐 먹지 않느냐의 문제는 신앙을 지킬 것인가 아니면 세상과 타협할 것인가의 문제와 직결된다. 그러므로 다니엘의 채식 이야기의 문맥은 신앙을 포기하지 않고 언약의 말씀을 붙드는 자들을 끝까지 지키고 회복시키시는 하나님의 주권적 간섭과 신원하심을 강조한다.

그렇다면 다니엘 1장의 중심을 이루는 다니엘의 채식 이야기는 결코 건강을 위한 식단을 소개하는 건강 지침서가 아니다. 오히려 이 이야기는 세상과 타협하지 않고 신앙을 선택한 자들을 신원하시고 그들을 세상에서 높이시는 하나님의 주권을 부각시킨다. 다시 말해 본문의 문맥은 불신자들의 핍박에도 불구하고 타협의 손길에 넘어지지 않고 끝까지 신앙의 길을 선택하는 자들에게 임하는 하나님의 주권적 섭리에 초점을 두고 있다. 그러기에 다니엘의 채식 이야기를 건강의 이슈와 연결시키는 것은 본문의 의도와 그 목적을 심각하게 왜곡시키는 결과를 초래한다. 이것은 우리의 관심사와 흥미에 따라 본문을 입맛대로 조정하는 일이다.

실로 우리는 "웰빙"에 지나친 관심을 보이는 시대와 문화 속에서 살고 있다. 특히 먹을거리는 현대인들의 가장 큰 관심사가 아닐 수 없다. 이런 상황이니 설교 중에 건강이나 건강식을 이야기하면 많은 성도들이 솔깃하고, 또 설교자들은 성경의 본문들을 근거로 건강한 식생활의 중요성을 강조하곤 한다. 그러면서 다니엘 1장의 채식 이야기가 마치 건강한 식생활의 대표적인 근거 본문인 양 인용된다. 그러나 거듭 말하지만 다니엘 1장의 채식 이야기는 결코 건강의 이슈를 다루지 않는다. 이 본문의 문맥의 초점은 세상과 타협하지 않고 하나님의 말씀에 순종하는 믿음의 자세이다. 그러므로 다니엘의 채식 이야기를 읽는 독자들은 건강을 위한 식단 비결에 초점을 두기보다는 세상과 타협하지 않는 믿음의 결단과 그 의미에 관심을 기울여야 할 것이다.

심화학습을 위한 읽을거리

장세훈. "다니엘서 스케치: 다니엘서의 이슈, 구조 및 신학."『국제 신학』제10권 (2008): 7–46.

> 다니엘서의 논쟁적인 이슈들을 상세히 다루고 있으며, 다니 엘서 전체의 구조를 체계적으로 논의할 뿐만 아니라 다니엘 서의 중심 신학을 일목요연하게 정리하고 있다.

Collins, John J. "The Book of Daniel." ed. David Noel Freedman. *The Anchor Bible Dictionary*. Vol. 2. New York: Doubleday, 1992, 9–37.

> 묵시록 연구의 대가인 저자가 다니엘서의 개관을 제시하는 글로서 다니엘서의 전반적인 이슈들과 논의들을 쉽게 파악할 수 있도록 도와준다. 다만 철저하게 비평주의적 입장을 견지 하고 있음을 감안해야 한다.

Goldingay, John E. *Daniel*. WBC 30. Dallas: Word Books, 1989. 채천석 역.『다니엘』. WBC 주석. 서울: 솔로몬, 2008.

다소 온건한 비평적 입장을 취하며, 다니엘서의 상세한 주석적 설명을 제시하고 있다. 다니엘서의 역사적 배경에 관한 충분한 토론을 원한다면 이 주석이 도움을 줄 것이다.

Hill, Andrew E. "Daniel." eds. Tremper Longman III & David E. Garland. *Daniel-Malachi*. The Expositor's Bible Commentary. Revised Edition. Grand Rapids: Zondervan, 2008, 19-212.

복음주의적 견해를 잘 드러내는 글로써 주전 6세기 다니엘 시대의 저작을 강조한다. 특별히 목회자들에게 유익하도록 쉽고 간결한 설명을 제공한다. 다니엘 1장의 분석도 본문의 논점을 파악하는데 큰 도움을 준다.

Young, Edward J. *The Prophecy of Daniel*. Grand Rapids: Eerdmans, 1949. 정일오 역.『다니엘서 주석』. 서울: 기독교문서선교회, 1999.

세대주의적 입장을 거부하고 개혁주의적 입장을 대변하는 주석이다. 비록 오래된 주석이지만 매우 견실한 주해와 토론을 제공하는 유익한 주석이다. 다니엘 1장의 해설은 본문 이해에 필요한 통찰력을 제공한다.

18장

성경은
"가계의 저주"를
옹호하는가?[55]

여호와께서 호세아에게 이르시되
그의 이름을 이스르엘이라 하라
조금 후에 내가 이스르엘의 피를 예후의 집에 갚으며
이스라엘 족속의 나라를 폐할 것임이라

호세아 1:4

한국 교회는 한 때 소위 "가계에 흐르는 저주"를 강조하는 잘못된 가르침으로 혼란을 겪은 바 있다. 지금은 이런 왜곡된 교훈들이 많이 잦아들었지만 아직도 사이비 계통의 집단들 가운데 소위 조상의 죄 탓으로 후손들이 고통 받는다는 비성경적인 가르침을 전하는 자들이 있다. 이런 거짓된 이론을 가르치는 자들은 자신들의 견해를 뒷받침하기 위해 여러 성경본문들을 자의적으로 선택하여 주관적으로 적용하기도 한다. 특히 호세아 1:4도 소위 "가계에 흐르는 저주"를 지지하는 근거구절로 잘못 사용될 수 있다.

실제로 호세아 1:4의 "이스르엘의 피를 예후의 집에 갚으며"라는 문장은 이스르엘에서 행한 예후의 피의 숙청 때문에 예후의 후손이 심판을 당하게 될 것이라는 뉘앙스를 던져준다. 만약 그렇다면, 이 본문은 조상의 죄로 인해 후손이 고통을 당할 수 있음을 의도하는 것이며, 이는 이른바 "가계에 흐르는 저주"를 정당화하는 지지 본문이 될 수도 있다. 과연 호세아 1:4의 의미는 조상의 죄로 인한 후손의 심판을 정당화하는가? 만약 호세아 1:4을 정확하게 해석하지 않는다면, 이 구절은 자칫 "가계에 흐르는 저주"를 지지하는 표현으로 오해받을 수 있다. 그러나 호세아 1:4의 문맥을 좀 더 상세히 살펴보고 분석하면 이 구절이 결코 조상의 잘못 때문에 후손이 심판을 당한다는 의미를 전달하지 않는다는 것을 깨달을 수 있다. 결국 해석의 열쇠는 예후 가문의 심판 원인이 누구에게 있는지를 규명하는데 있다. 과연 예후 가문의 심판의 원인은 누구 때문인가? 이 질문에 대한 해답의 열쇠는 오직 문맥을 통해서 발견된다.

■ ■

문맥으로 관찰하기

종종 본문의 의미를 더 분명하게 이해하기 위해 다른 번역본들을 참고하는 것은 매우 유익한 일이다. 그러나 호세아 1:4의 경우는 정반대이다. 호세아 1:4에 대한 한글 역본들과 영어 역본들은 예후 가문의 심판의 원인을 "이스르엘의 피 흘림"으로 돌린다. 이런 역본들의 번역은 히브리어 본문의 의미를 정확하게 살리지 못하여 대부분의 독자들에게 오히려 더 큰 혼란을 가중시킨다.[56] 이 역본들의 해석대로 예후 가문의 심판의 원인은 이스르엘에서 행해진 아합 왕가를 향한 예후의 숙청 때문인가? 만약 이런 입장을 취하게 되면, 예후가 아합에게 행한 피의 숙청은 결국 예후의 후손들에게 미치고 있다고 보아야 한다. 그러나 이런 해석은 아합의 왕가를 향한 예후의 숙청을 긍정하는 열왕기하 10:30의 관점과 상반된다.[57]

> 여호와께서 예후에게 이르시되 네가 나보기에 정직한 일을 행하되 잘 행하여 내 마음에 있는 대로 아합 집에 다 행하였은즉 네 자손이 이스라엘 왕위를 이어 사대를 지내리라 하시니라

좀 더 구체적으로 말하자면, 열왕기의 저자에 의하면 예후의 피의 숙청은 하나님이 계획하신 심판의 일환이다. 그러므로 예후의 피의 숙청 때문에 예후의 후손들이 심판을 당한다는 해석은 열왕기의 입장을 뒤집는 셈이다. 이 점에 대해 어떤 학자들은 하나니야와 예레미야의 상반된 관점에 근

거하여 9세기 선지자들과 호세아가 서로 다른 역사적 관점을 갖고 있다고 주장하지만,[58] 하나니야와 예레미야의 차이를, 열왕기 저자와 호세아와의 해석 차이로 연결시키는 것은 지나친 논리의 비약이다.

이와는 달리, 호세아서를 연구하는 많은 학자들은 예후 가문의 심판의 원인을, 이스르엘에서 발생한 예후의 숙청으로 해석하는 입장에 대해 부정적인 반응을 보인다. 예를 들면, 앤더슨과 프리드맨Francis I. Ancersen & David Noel Freedman과 같은 학자들은 예후의 잘못으로 후대의 자손들이 심판을 받는다는 해석이 타당성을 상실한다고 결론짓는다. 오히려 그들은 호세아 1:4에 등장하는 예후 가문의 심판의 원인을, 이스르엘에서 심판을 받았던 오므리 왕조와 동일한 전철을 밟는 예후 가문의 부패와 타락에서 찾는다. 그들은 다음과 같이 진술한다.

오히려 호세아는 하나님께서 예후를 통해 아합과 그의 가족에게 행하셨던 것과 동일한 이유로 여로보암과 그의 가족에게 행하실 것임을 말하고 있는 것이다. 여로보암이 아합의 전철을 밟고 있다는 호세아의 생각은 엘리야가 아합에게 사용한 언어(왕상 18:18)를 호세아가 여로보암에게 적용하는 데서 드러난다. 여로보암은 예후를 닮지 않고 오히려 반대로 행하여 정죄를 당한다. 여로보함은 그의 증조부의 선행에 반역을 행하는 자였다. 그는 바알 신당과 숭배자들을 제거했던 여호와를 향한 예후의 열심을 따르지 않았다.[59]

예후의 후손들이 심판을 당하는 이유는 무엇인가? 그들은 자신들의 선조인 예후가 이스르엘에서 아합의 피를 흘렸기 때문이 아니다. 그들이 심판을 당하는 이유는 이스르엘에서 예후에 의해 피 흘림을 당했던 왕가의 죄악을 그대로 답습했기 때문이다. 그리하여 호세아 1:4은 오므리 왕가에게 임했던 피의 심판이 오므리 왕가의 나쁜 죄악의 전철을 그대로 따르는 예후의 후손들에게 임할 것임을 경고하고 있는 것이다. 그렇다면 피의 심판을 당할 수밖에 없는 예후의 후손들의 문제는 어디서 암시되고 있는가? 호세아 1:4의 전 문맥인 호세아 1:1은 호세아 1:4에 나타나는 예후 가문의 심판 원인을 파악할 수 있는 중요한 실마리를 제공해 준다. 호세아 1:1은 호세아가 사역했던 시대의 왕들을 다음과 같이 열거한다.

웃시야와 요담과 아하스와 히스기야가 이어 유다 왕이 된 시대 곧 요아스의 아들 여로보암이 이스라엘 왕이 된 시대에 브에리의 아들 호세아에게 임한 여호와의 말씀이라 호세아 1:1에 등장하는 왕들의 이름에는 어떤 특이한 점이 있다. 호세아는 북이스라엘에서 활동한 선지자로서 여로보암 2세 때부터 마지막 왕 호세아의 멸망시기까지 사역했다. 그런데 호세아 1:1에는 유다의 왕들의 이름이 세 명이나 언급되는 반면, 북이스라엘의 왕들은 여로보암 2세만 소개될 뿐이다. 왜 호세아는 북이스라엘에서 활동한 선지자임에도 불구하고 북이스라엘의 왕은 단 한명만 언급하고 있는 것일까? 그 이유는 호세아서 전체의 문맥을 통해서 파악될 수 있다. 호세아는 여로보암 2세를 북이스라엘의 정통성을 지닌 마지막 왕으로 간주하고 있다. 왜냐하면 여로보함 2세 이후의 왕들은 하나님의 뜻과 상관없이 암살을 동반한 인간들의 쿠데타와 정변에 의해 세워졌기 때문이다. 다시 말해, 호세아는 예후의 왕가는 여러보함 2세 이후 그 정통성을 상실했다고 보았다. 이것은 예후 왕조의 죄악상이 극에 달했음을 의미한다. 왕궁에서 발생한 반란과 음모를 적나라하게 묘사하는 다음과 같은 호세아의 표현은 눈여겨 볼만 하다.

내가 이스라엘을 치료하려 할 때에 에브라임의 죄와 사마리아의 악이 드러나도다 그들은 거짓을 행하며 안으로 들어가 도둑질하고 밖으로 떼 지어 노략질하며 내가 모든 악을 기억하였음을 그들이 마음에 생각하지 아니하거니와 이제 그

들의 행위가 그들을 에워싸고 내 얼굴 앞에 있도다 그들이
그 악으로 왕을, 그 거짓말로 지도자들을 기쁘게 하도다 그
들은 다 간음하는 자라 과자 만드는 자에 의해 달궈진 화덕
과 같도다 그가 반죽을 뭉침으로 발효되기까지만 불 일으키
기를 그칠 뿐이니라 우리 왕의 날에 지도자들은 술의 뜨거
움으로 병이 나며 왕은 오만한 자들과 더불어 악수하는도다
그들이 가까이 올 때에 그들의 마음은 간교하여 화덕 같으
니 그들의 분노는 밤새도록 자고 아침에 피우는 불꽃 같도
다 그들이 다 화덕 같이 뜨거워져서 그 재판장들을 삼키며
그들의 왕들을 다 엎드러지게 하며 그들 중에는 내게 부르
짖는 자가 하나도 없도다(호 7:1-7)

이와 같이 예후 가문이 심판을 당하는 이유는 그들의
조상의 탓 때문이 아니다. 예후 가문의 심판은 오므리 왕가
의 죄의 전철을 밟았던 그들의 죄악 때문이다. 살인과 증오
를 동반한 피의 쿠데타로 점철된 예후 왕조의 말로는 결국
멸망 그 자체였다. 이런 문맥적 관찰에 의하면, 호세아 1:4
에서 예고되는 예후 가문의 심판은 이스르엘에서 발생한 예
후의 피의 숙청 때문이 아니라, 오므리 왕조의 죄를 그대로
답습함으로 인해 이스르엘에서 피의 심판을 받은 오므리 왕
조와 같이 그들도 피의 심판을 당하게 될 것임을 강조하고

있다.

또한 호세아 1:4에서 "갚다"로 번역되는 히브리어 동사 "파카드"의 용법은 예후 가문의 심판 원인을 규명하는데 중요한 열쇠가 된다. 주로 "심판하다punish" 또는 "갚다avenge"로 번역되는 히브리어 "파카드"는 "—때문에 —를 심판하다"는 의미도 있지만, "—으로 —을 심판하다"는 의미도 전달한다. 그렇다면 본문의 문맥은 어떤 의미를 취하게 하는가? 호세아 1:1의 문맥을 고려해 볼 때, 호세아 1:4의 "파카드" 동사는 후자의 뜻을 전달한다. 좀 더 구체적으로 말하자면, 이 본문의 "파카드"의 의미는 전자의 용법처럼 이스르엘에서 행한 예후의 피의 숙청 때문에 예후의 후손을 심판한다는 뜻을 전달하지 않는다. 이런 의미는 호세아 1:1의 문맥과는 거리가 멀다. 오히려 후자의 입장처럼 이 동사는 예후에 의해 이스르엘에서 피 흘림을 당했던 오므리 왕조와 같은 방식으로 예후의 가문을 심판한다는 뜻을 암시한다. 그러므로 호세아 1:4은 예후 왕조의 심판의 원인이 오므리 왕조의 전철을 따라간 예후 왕조의 타락에 있음을 강조한다.

이처럼 예후 왕조의 심판 원인을 예후 왕조의 타락으로 해석하는 입장을 취할 때 우리는 예후의 숙청을 승인하는 열왕기하 10:30과 호세아 1:4의 입장이 서로 상반되지 않음을 발견한다. 비록 어떤 번역본들은 예후 왕조의 심판의 원인을

이스르엘에서의 숙청으로 해석하지만, 이보다는 그 원인을
예후 왕조의 타락에서 찾는 입장이 더 적절할 수 있다. 실제
로 예후는 피의 숙청으로 그의 왕조를 시작하지만 예후와 그
의 왕조는 오므리 왕조가 행했던 악행을 범한다(왕하10:31).
그로 인해 하나님은 호세아를 통해 오므리 왕조에게 하셨던
것과 유사한 방식으로 예후 왕조를 심판하실 것임을 선포한
다. 존 칼빈도 그의 호세아서 주석에서 예후 왕조의 심판의
원인을 아합과 같은 악행을 저지른 예후 왕조의 타락으로 규
정한다. 그는 다음과 같이 올바르게 지적한다.

> 그러므로 본문 전체의 의미는 '너희들은 이스라엘 백성이
> 아니라 이스르엘 백성이다. ··· 그 의미는 '너희는 야곱의 후
> 손이 아니라 이스르엘 백성이다'라는 것이다. 곧 '너희는 타
> 락한 백성이요, 아합 왕과 다를 것이 전혀 없다. 그는 저주를
> 받았고, 그가 통치하는 왕국도 저주를 받게 되었다. 너희가
> 변화되어 있느냐? 무슨 종교개혁이 일어났느냐? 그러므로
> 너희가 죄악 중에서 고집을 부리고 있기 때문에 비록 너희
> 가 교만하게 야곱의 이름을 내세우고 있으나 너희에게는 그
> 러한 영예가 돌아갈 만한 가치가 없다. 그러므로 내가 너희
> 를 이스르엘 백성이라고 부른다.[60]

문맥에 뿌리내린 적용

한국 교회를 한동안 시끄럽게 했던 소위 "가계저주론"은 죄의 본질을 정확히 직시하지 못하게 하며, 그리스도의 대속을 통한 용서의 복음을 오해하도록 만든다. 더욱이 이런 거짓 메시지가 잘못된 본문 사용을 통해 확산될 때, 성도들은 더욱 혼란에 빠져든다. 무엇보다도 호세아 1:4은 언뜻 보기에 조상의 죄로 인한 후손의 심판을 강조하는 것처럼 보인다. 그러나 이 구절은 결코 이런 "가계저주론"을 지지하지 않는다. 오히려 호세아 1:4은 오므리 왕조의 죄를 답습하는 예후 왕조의 문제를 더욱 부각시켜준다. 그러기에 호세아 1:4을 설교하는 목회자들은 조상의 죄 때문에 후손이 심판을 당할 수 있다는 의미로 이 본문을 가르쳐서는 안 된다. 오히려 조상의 길을 그대로 따라가는 후손의 죄악상에 초점을 두어야 한다. 결론적으로 호세아서를 가르치거나 설교하는 목회자들은 이른바 "가계에서 흐르는 저주"를 옹호하는 본문으로 호세아 1:4을 사용하지 않도록 세심한 주의를 기울여야 할 것이다.

심화학습을
위한
읽을거리

장세훈. "설교를 위한 번역 선택의 중요성에 대한 고찰: 호 1:4;
1:9 및 2:19-20을 중심으로."『한국개혁신학』제 26권 (2009):
39-65.

호세아 1:4에 관한 다양한 본문 번역의 차이와 그에 따른 문
제점을 파악하며 대안도 제시한다.

존 칼빈.『구약성경주해 26, 호세아』. 존 칼빈 성경주해출간위원회
역. 서울: 서울교재간행사, 1980.

호세아 1:4에 대한 칼빈의 해석과 그의 관점을 제시한다. 예
후 가문에 대한 심판의 원인을 예후의 잘못에서 찾지 않고 예
후 가문의 죄에서 찾는다.

Andersen, Francis I. & Freedman, David Noel. *Hosea*. The
Anchor Bible. Garden City: Doubleday & Company. INC,
1980.

가장 학문적이면서도 방대한 분석을 제공하는 호세아 주석서

이다. 비록 많은 세월이 지났지만 호세아 1:4에 대한 본문비
평과 연구들은 지금도 중요한 가치를 지닌다.

Garrett, Duane A. *Hosea, Joel*. NAC. Nashville: Broadman &
Holman Publishers, 1997.

복음주의 입장에서 저술된 본 주석서는 학문성과 아울러 신
학적 메시지도 함께 제시함으로써 학자들뿐만 아니라 목회자
들에게도 유익한 책이다. 호세아 1:4에 대한 저자의 해석은
매우 설득력을 갖는다.

Irvine, Stuart A. "The Threat of Jezreel (Hosea 1:4−5)," *CBQ*
57/3 (1995): 494−503.

호세아 1:4에 대한 독특한 관점을 제공하는 논문이다.

McComiskey, Thomas Edward. "Hosea." ed. Thomas Edward
McComsky. *The Minor Prophets*. Vol. I. Grand Rapids:
Baker, 1992, 1−237.

복음주의적 관점에서 저술된 대표적인 호세아서 주석 가운데
하나이다. 호세아 1:4의 해석에서 히브리 원문의 의도를 살리
려는 저자의 노력이 엿보인다.

Stuart, Douglas. *Hosea-Jonah*. WBC 31. Dallas: Word Books,
1987. 김병하 역. 『호세아-요나』. 서울: 솔로몬, 2011.
호세아 1:4에 대한 다양한 입장과 견해를 밝힌 뒤 번역본들과
다른 저자 개인의 사역을 제공한다.

19장

여호와를 아는
지식의 결핍,
누구의 책임인가?[61]

내 백성이 지식이 없으므로 망하는 도다
네가 지식을 버렸으니
나도 너를 버려
내 제사장이 되지 못하게 할 것이요
네가 네 하나님의 율법을 잊었으니
나도 네 자녀들을 잊어버리리라

호세아 4:6

문맥을 벗어난 피상적 성경읽기는 때때로 독자가 의도하던
의도하지 않던 간에 본문의 의미를 완전히 왜곡시킬 수 있
다. 가령 우리에게 널리 암송되는 호세아 4:6의 "내 백성이
지식이 없으므로 망하는도다"라는 표현은 이런 피상적 성경
읽기의 문제점으로 인해 가장 많이 오해되거나 잘못 적용되
는 구절 가운데 하나이다. 흔히 이 구절은 하나님의 말씀을
올바로 깨닫지 못하는 성도들의 우매함과 어리석음을 강조
할 때 사용되곤 한다. 필자 역시 교회의 청년부 시절에 청년
부 회원들과 함께 호세아서를 묵상할 때 이 구절을 이런 방
식으로 적용하여 하나님의 말씀을 알기 위해 노력하지 못한

나 자신을 반성하며 회개하는 시간을 가지기도 했다. 그러나 과연 호세아 4:6은 하나님을 아는 지식의 결핍의 원인이 이스라엘 백성에게 있음을 강조하는가?

흥미롭게도 호세아 4:6의 문맥적 관찰에 의하면,[62] 여호와를 아는 지식의 결핍의 문제가 단순히 이스라엘 백성 때문이 아님을 발견할 수 있다. 물론 어떤 이들은 여전히 여호와를 아는 지식의 결핍의 원인을 이스라엘 백성에게서 찾기도 한다. 그렇지만 호세아 4:6의 문맥은 결코 이런 입장을 뒷받침하지 않는다. 오히려 호세아 4:6의 문맥은 여호와를 아는 지식의 결핍의 문제를 이스라엘의 지도자에게 돌리고 있다. 다시 말해 호세아 4:6에서 하나님의 백성이 지식이 없어 망하게 된 이유는 이스라엘의 지도자로 인식되는 제사장의 직무태만 때문이다. 부연하면 하나님의 말씀을 바르게 가르치고 전해야 할 제사장이 자신의 그 직무를 온전히 수행하지 못하여 백성들이 하나님의 말씀에 대한 올바른 지식을 갖지 못하게 된 것이다. 그러므로 피상적으로 알려진 하나님을 아는 지식의 결핍의 원인은 일반백성들에게 있는 것이 아니라 하나님의 말씀을 맡은 제사장들의 직무태만에서 비롯된 것이다. 특히 호세아 4장의 구조와 4:6의 전후문맥, 그리고 호세아 4:6의 메시지를 듣는 청중의 정체에 대한 올바른 이해는 여호와를 아는 지식의 결핍의 근본 원인이 누구의 책임 때문인지를 분명하게 깨닫게 해 준다.

■ ■

문맥으로 관찰하기

여호와를 아는 지식의 결핍의 원인이 누구에게 있는지를 알아보기 위해 먼저 호세아 전체의 대략적인 구조[63]와 아울러 호세아 4:6의 전후 문맥을 살펴볼 필요가 있다.[64] 호세아서의 전체 구조는 크게 전반부(1-3장)와 후반부(4-14장)로 구분될 수 있다. 그러므로 호세아 4장은 호세아서 후반부의 첫 도입부에 해당되며, 불순종한 이스라엘과 제사장 그룹에 대한 심판의 메시지의 첫 시작을 알린다.[65]

특히 제사장에 대한 비난에 초점을 두고 있는 호세아 4:4-10에 속하는 호세아 4:6은 여호와를 아는 지식의 결핍의 문제를 심각하게 다룬다. 그러나 호세아 4:6은 언뜻 보기에 이 지식의 결핍의 원인이 무엇이며, 근본적으로 누구의 책임 때문인지를 분명하게 밝히지 않는다. 피상적으로 보면 비난의 대상이 일반 백성인 듯하다. 그러나 호세아 4:6의 메시지를 듣는 대상을 정확하게 파악하려면 이 구절이 속해 있는 호세아 4:4-10의 수신 대상이 누구인지를 파악해야 한다. 만약 메시지를 듣는 대상이 이스라엘 백성이라면 하나님을 아는 지식의 결핍의 원인은 이스라엘에게 있는 것이다.

반대로 이 메시지를 듣는 대상이 제사장이라면, 이 지식의 결핍의 원인은 제사장에게서 찾을 수 있다. 그러므로 하나님을 아는 지식의 결핍의 원인을 규명하는데 가장 중요한 이슈는 호세아 4:4-10에서 선지자의 메시지를 듣는 대상이 누구인가에 달려 있다고 볼 수 있다. 과연 호세아 4:4-10의 청중 즉 수신 대상은 누구인가?

구약을 연구하는 학자들은 구약의 본문들 중 번역하기가장 까다로운 책으로서 호세아서를 지목한다.[66] 그 중에서 호세아 4:4-10은 호세아서의 난해 본문 가운데 하나로 손꼽힌다.[67] 특히 호세아 4:4-10의 청중/대상이 누구인지를 파악하기란 쉬운 일이 아니다. 심지어 번역본들도 저마다 다른 해석을 제시하며 혼란을 가중시킨다. 학자들마다 다양한 견해를 제시하지만, 앞서 언급한 대로 그 대상의 정체에 관해서는 대체로 이스라엘 백성으로 보는 견해와 제사장으로 보는 견해로 나누어진다.

정중호 교수는 호세아 4:1에 등장하는 "들으라"라는 요청이 호세아 5:1에도 동일하게 등장하고 있음을 지적하면서 호세아 4장 전체를 하나의 예언 단위로 보아야 한다고 주장한다.[68] 또한 그는 이스라엘을 청중으로 지칭하는 모습이 호세아 4:1과 호세아 4:15-16에 동일하게 등장하는 점에 주목하면서 호세아 4장 전체를 이스라엘 청중을 향해 전달된 하나의 단위로 강조한다. 결론적으로 그는 호세아 4:4-10을 포함하여 호세아 4:1-19의 청중이 제사장 그룹이 아닌, 이스라엘 백성이라고 결론짓는다. 그는 호세아 4장의 청중에 대하여 이렇게 주장한다.

4-19절이 제사장과 제의에 관한 심판 예언이라는 주장이 있으나 이는 잘못된 주장이다. 왜냐하면 4, 6, 9절에 제사장이라는 단어가 나타나지만 제사장을 향해서 말하거나 제사장을 비판하는 말은 아니다. 4장 전체는 일관성 있게 청중인 이스라엘 백성을 향한 말씀이다.[69]

이와 같이 호세아 4:4-10의 대상을 이스라엘로 간주하는 학자들은 호세아 4:4-10이 제사장과 같은 지도자들의 가르침에 반역을 행하는 이스라엘의 교만을 지적하고 있다고 주장한다.[70] 만약 호세아 4:4-10의 대상을 이스라엘 백성으로 간주하면, 자연스럽게 호세아 4:6의 대상도 이스라엘이 되어야 한다. 그러나 호세아 4:4-6에서 "제사장"이라는 구체적인 특정 대상이 소개되고 있기 때문에 호세아 4:4-6의 청중/대상을 이스라엘로 규정하는 시도는 설득력을 상실한다.

특히 "장차는 백성이나 제사장이나 동일함이니라"는 호세아 4:9의 표현은 백성들의 지도자로서 본을 보여야 할 제사장이 백성들로부터 구별되지 못하고 있음을 지적하고 있기 때문에, 여기서 언급된 제사장은 민족 이스라엘이 아니라 개개의 제사장을 가리킴이 분명하다. 호세아 선지자가 호세아 4:6과 호세아 4:9에서 "제사장"이라는 단어를 사용하고 있음을 감안해 볼 때, 호세아의 메시지를 듣는 청중은 분명 제사장임에 틀림없다.[71] 무엇보다도 하나님의 지식의 결핍의 문제를 지적하는 호세아 4:6의 청중은 분명 제사장으로 이해되어야 한다.

흥미롭게도 호세아 4:6의 근접 문맥은 호세아 4:6의 청중이 누구인지를 분명히 밝혀준다. 예를 들면, 호세아 4:6의 선행 구절인 호세아 4:5의 구조를 상세히 살펴보면 호세아 4:6의 청중의 정체를 쉽게 파악할 수 있다. 호세아 4:5은 선지자와 더불어 하나님의 말씀을 맡은 제사장의 심각한 문제점을 여실히 드러낸다.

너는 낮에 넘어지겠고 너와 함께 있는 선지자는 밤에 넘어지리라 내가 네 어머니를 멸하리라

호세아 4:5은 "넘어진다"는 표현과 "낮과 밤"이라는 표현을 병행시키면서 아래와 같이 이스라엘의 대표적인 두 지도자층의 죄악상을 강조한다.

A. 넘어지겠고

    B. 낮에

A′. 넘어지리라

    B′. 밤에

이 구절에 반복해서 등장하는 "넘어지다"라는 히브리어 동사 "카솰"은 "흔들리다" 혹은 "비틀거리다"라는 의미를 갖는다. 그러므로 "넘어지다"는 단순히 실수로 넘어진다는 의미보다는 정신을 잃어버릴 정도로 걷지 못하고 "비틀거리며 넘어지는" 상태를 뜻하며, 술에 만취된 모습을 연상시킨다. 그러므로 이 구절에서 "너"로 표현되는 청중은 선지자와 함께 비틀거리며 넘어지는 자들로서 문맥상 민족 이스라엘보다는 제사장으로 보는 것이 자연스럽다. 실로 이스라엘의 지도자층에 해당하는 제사장과 선지자가 주야로 비틀거리며 넘어지는 현실은 이스라엘의 영적인 상태를 암시해 준다.[72]

    호세아 4:5이 제사장들의 비틀거림과 그에 따른 영적 타락상을 보여준다면, 호세아 4:6은 그들의 타락이 어떤 결과를 초래하는지를 보여준다. 제사장들의 타락은 결과적으로 하나님의 백성들이 하나님의 말씀에 대한 지식을 알지 못하는 비극을 초래하였다. 제사장들의 중요한 임무 가운데 하나가 무엇인가? 그것은 바로 하나님의 율법을 하나님의 백성들에게 바르게 가르치는 것이다. 그러나 그들은 술에 취하고 방탕한 삶을 탐닉함으로써 하나님의 율법을 올바로 교육하고 가르쳐야 할 자신의 사명을 잊어버렸다. 그로 인해 백성들 역시 여호와에 대한 지식을 알지 못하는 상태에 이르게 되었다.

그러므로 호세아 4:6은 영적 지도자들의 직무태만이 곧바로 백성들의 영적인 수준에 영향을 미친다는 점을 보여준다(말 2:7-8 참조). 제사장들이 여호와의 율법을 버렸기 때문에, 결국 그들은 제사장으로서의 신분을 보장받지 못할 것이다. 아마도 본문은 호세아가 초창기에 사역했던 여로보암 2세 시대를 반영하는 듯하다.[73] 비록 이 시기에는 경제적 부와 성공을 이룩했지만, 영적으로 매우 부패했던 시대였다. 그러므로 본문은 이와 같은 영적인 부패의 원인으로서 제사장들의 타락을 부각시킨다. 물론 호세아는 백성들의 타락 역시 배제하지 않았을 것이다. 그러나 호세아 4:6의 초점은 백성들의 타락보다는 제사장의 직무태만에 있다. 결론적으로 호세아 4:6의 문맥적 관찰은 하나님을 아는 지식을 상실하는 근본적인 원인이 바로 제사장들에게 있음을 깨닫게 해준다.

문맥에 뿌리내린 적용

호세아 4:6의 문맥은 하나님의 말씀을 바르게 가르쳐야 할 제사장과 같은 영적 지도자들의 부패와 변질을, 하나님을 아는 지식의 결핍의 주원인으로 규명한다. 흥미롭게도 이스라엘의 멸망의 시기에 나타나는 중요한 현상 가운데 하나는 참지도자들이 점차 사라지고 거짓 지도자들이 활개를 친다는 점이다. 이런 점에서 구약의 선지자들은 지도자들의 타락을 경고하며, 그들이 전하는 거짓 메시지의 부정적 영향을 예견한 바 있다. 예를 들면, 예레미야는 "이 땅에 무섭고 놀라운 일이 있도다 선지자들은 거짓을 예언하며 제사장들은 자기 권력으로 다스리며 내 백성은 그것을 좋게 여기니 마지막에는 너희가 어찌 하려느냐"(렘 5:30-31)고 외치면서 이스라엘을 바른 신앙의 길로 인도해야 할 지도자 그룹들의 총체적 타락과 부패를 탄식한다. 구약과 마찬가지로 신약의 본문도 지도자들의 부패와 그 위험성을 경고한다. 바울은 에베소 장로들을 향한 고별설교에서 거짓 지도자들의 위험성을 경고한다(행 20:28-30; 딤전 1:3-4). 심지어 야고보는 말씀을 가르치고 전하는 지도자의 가르침에는 반드시 그에 상응하는 책임이 뒤따른다는 점을 강조한다.

내 형제들아 너희는 선생된 우리가 더 큰 심판을 받을 줄 알
고 선생이 많이 되지 말라(약 3:1)

이와 같이 신앙 공동체에 속한 영적 지도자들의 중요성
은 어제나 오늘이나 크게 다를 바 없다. 호세아 시대와 마찬
가지로 오늘날 한국 교회도 참된 리더십의 부재로 몸살을 앓
고 있다. 2013년을 기준으로 대표적인 종교단체의 신뢰성에
관하여 실시한 기윤실 설문조사의 결과는 한국 사회에서 기독
교의 이미지가 얼마나 실추되었는지를 보여주는 단적인 실
례가 된다.[74] 여기서 지적되는 여러 문제점들이 교회의 리더
십과 맞물려 있음은 의심의 여지가 없다. 어쩌면 한국 교회의
위기는 리더십의 위기라고 해도 과언이 아니다. 하나님의 말
씀을 바르게 가르치고 인도해야 할 막중한 책무를 수행하지
못하고 도리어 죄악에 빠져 비틀거리며 넘어지는 제사장의 타
락상은 하나님의 말씀을 선포하고 가르치는 한국 교회 지도
자들의 책임과 의무를 되돌아보게 한다. 이런 점에서 제사장
들의 부패함을 지적하는 호세아 4:6의 메시지는 한국 교회 지
도자들을 향해 선포되는 하나님의 준엄한 경고의 말씀이 아닐
수 없다. 그러므로 호세아 4:6을 해석하고 적용하는 목회자들
이나 성도들은 여호와를 아는 지식의 결핍의 문제를 일반 백
성들에게 적용시키지 않도록 특별히 주의해야 할 것이다.

심화학습을
위한
읽을거리

이동수. 『호세아 연구』. 서울: 장로회신학대학교 출판부, 2005.
　　호세아 4:4-6에 대한 매우 심도 있는 주석을 제시하고 있는
　　탁월한 연구서이다. 특히 여러 역본들을 대조 비교해가면서
　　꼼꼼한 본문비평적 관찰을 보여준다.

장세훈. "여호와를 아는 지식의 결핍과 리더십의 문제: 호 4:4-6
을 중심으로." 『성경과 신학』 71 (2014): 1-21.
　　호세아서 전체의 구조와 호세아 4장의 구조, 그리고 호세아 4
　　장의 문맥 속에서 4:4-6의 청중의 정체에 관해 집중적으로
　　토론하는 논문이다. 특히 호세아 4:4-6의 메시지를 한국의
　　지도자의 문제와 연결시키는 적용점을 제시한다.

Andersen, Francis I. & Freedman, David Noel. *Hosea*. The
Anchor Bible. Garden City: Doubleday & Company, INC,
1980.
　　출판된 지 꽤 오래되었으나 아직도 호세아서 연구의 고전으

로 인식되는 주석서이며, 호세아 4장의 분석은 아직도 학술적으로 가치를 지닌다. 특히 호세아 4장과 관련된 세밀한 본문 비평적 관찰과 분석은 호세아 4장의 정충의 정체를 이해하는 데 큰 도움을 준다.

Garrett, Duane A. *Hosea, Joel.* NAC. Nashville: Broadman & Holman Publishers, 1997.

호세아 4:6의 청중에 대한 탄탄한 주석을 근거로 청중의 정체를 제사장으로 논증하는 탁월한 주석이다. 특히 목회자를 염두에 두고 저술된 NAC의 장점이 매우 잘 나타난다.

20장

하나님이
미워하는 이혼은
무엇인가?[75]

이스라엘의 하나님 여호와가 이르노니
나는 이혼하는 것과 옷으로 학대를
가리는 자를 미워하노라
만군의 여호와의 말이니라
그러므로 너희 심령을 삼가 지켜
거짓을 행하지 말지니라
말라기 2:16

—

몇 년 전 매우 독실한 신앙을 지니신 어느 여집사님과 이혼
에 대하여 말씀을 나눈 적이 있다. 이 분은 이혼에 대해 매
우 부정적인 입장을 갖고 계셨다. 필자 역시 신중하지 못한
이혼에 대해서는 부정적인 편이지만 이 분의 반응은 너무 극
단적이었다. 특히 그 분이 제시하는 성경적 근거가 필자를
당황케 만들었다. 이 집사님은 하나님께서 이혼을 미워하신
다는 표현이 들어있는 말라기 2:16을 인용하면서 이혼은 절
대로 해서는 안 된다고 단언하였다. 이처럼 말라기 2:16은
구약의 대표적인 이혼 거부 본문으로 알려져 있으며, 많은
그리스도인들은 "이혼 절대 불가"를 강조하기 위해 이 본문

을 인용하곤 한다. 그런데 적지 않은 설교자와 그리스도인들이 말라기의 본문이 왜 이런 표현을 사용하는지, 정작 강조하고자 하는 것이 무엇인지를 제대로 이해하기 위해 이 구절의 전후 문맥은 살펴보지 않은 채, 단지 "하나님은 이혼을 미워하신다"는 문구만 작위적으로 사용하는 우를 범한다. 물론 필자는 섣부른 판단에 따른 이혼을 결코 지지하지 않는다. 그러나 말라기 2:16의 문맥을 제대로 파악하지 못한 체 그저 피상적으로 이 구절만을 가져와서 이혼불가만을 외치는 것은 원래 본문의 의도에서 벗어나는 일이다.

하나님은 왜 이혼을 미워하는가? 하나님이 미워하는 이혼은 어떤 이혼인가? 또한 말라기의 배경이 되는 포로귀환 공동체의 이혼은 어떤 문제에서 비롯된 것인가? 우리는 오직 말라기의 시대적 배경과 본문의 전후 문맥을 주의 깊게 살펴볼 때 이런 질문에 대한 해답을 발견할 수 있다. 또한 우리는 말라기 2:16에서 말라기의 논점이 이혼 그 자체보다 잘못된 결혼에 더 무게를 두고 있음을 깨닫게 된다. 좀 더 구체적으로 말하자면, 말라기 2:16에서 언급되는 이혼은 남편과 아내가 헤어지는 오늘날의 이혼을 말하는 것이 아니라 남편이 다른 여인을 아내로 맞아들이기 위해 현재의 아내를 버리는 특수한 상황을 지적한다. 그럼 먼저 말라기 시대의 역사적 배경을 간략히 살펴본 후 말라기 본문의 문맥과 그 논점을 집중적으로 관찰해 보자.

■ ■

문맥으로 관찰하기

말라기 시대의 역사적 상황들

말라기 시대의 이혼 문제를 이해하기에 앞서 먼저 말라기 시대의 몇 가지 중요한 역사적 상황들을 파악해야 한다. 말라기 시대의 포로 귀한 공동체는 몇 가지 심각한 문제들을 안고 있었다. 첫째, 말라기 시대의 가장 큰 문제들 가운데 하나는 형식주의적 제사였다(1:6-14). 제사장과 백성들이 "저는 것"과 "병든 것"(1:8), "흠 있는 것"(1:14)을 하나님께 바쳤다. 그 예배에는 형식, 겉치레만 있었다. 하나님을 향한 예배의 태도가 근본적으로 변질된 것이다. 이러한 종교적 문제는 이스라엘에 심각한 신앙적 위기를 가져다주었다.

둘째, 제사장들이 직무태만으로 홍역을 겪었다. 특히 율법을 가르치고 적용하는 그들의 임무는 포로 귀환 공동체가 공의를 실현하기 위해서는 필수적인 것이었다. 그러나 말라기 시대는 오히려 불의에 직면할 수밖에 없었다. 율법을 올바로 적용시켜야 할 제사장들이 율법의 진리를 버리고 불법을 자행했기 때문이다(2:6-8).

셋째, 말라기 시대의 이스라엘 사회는 심각한 불의에 빠져있었다. 하나님의 말씀에 의존하지 않고 점술을 신뢰하는 일이 성행했고(3:5), 간음도 빈번했다. 진리는 사라지고 거짓 맹세가 득세했다.

넷째, 말라기는 포로귀환 이스라엘 사회의 또 다른 문제로서 십일조와 봉헌물을 온전히 드리지 않는 잘못을 지적한다. 십일조와 봉헌물을 바치는 행위는 이스라엘의 전 영역을 향한 여호와의 주권적 돌보심을 인정하며 고백하는 신앙적 표현이다. 이러한 신앙고백 행위가 결핍되었다는 것은 여호와를 신뢰하지 못하는 이스라엘의 불신앙의 태도를 단적으로 보여준다.

끝으로, 말라기는 포로귀환 공동체의 가정에서 발생하는 여러 문제점들을 목도하였다. 특히 포로귀환 공동체의 가정들은 이혼의 문제로 심한 홍역을 겪었다. 무엇보다도 이혼을 하게 되는 배경이 그 심각성을 더해 준다. 남편들은 어려서 맞이한 아내에게 거짓을 행하며, 여호와 앞에서 서약했던 언약의 아내를 버리고 이방 신을 섬기는 여인과 재혼을 시도했다. 그 결과, 태어나는 자손들이 이방 신을 섬기는 여인들에 의해 훈육되었고, 점차 여호와 유일신 사상이 무력해지는 위기에 봉착하게 됐다. 신앙의 순수성이 무너지고 혼합주의 성향이 이스라엘 사회를 지배한 것이다. 언약 안에서 가정의 회복이 없는 이스라엘 사회는 더 이상 그 미래를 기대할 수 없었다. 이 가정의 언약적 순결의 문제를 본격적으로 다루는 본문이 바로 말라기 2:10-16이다. 여기서 우리는 말라기 전체의 구조 안에서 말라기 2:10-16의 위치를 살펴본 뒤, 말라기 2:10-16의 문맥과 그 핵심 논점을 살펴볼 것이다.

말라기의 구조와 2:10-16의 중요성

앞서 진술했듯이 말라기 2:10-16은 말라기 전체 안에서 가정의 언약적 순결과 그 중요성을 강조한다. 특히 말라기 전체의 구조는 말 2:10-16의 중요성을 더욱 강조해 준다. 필자가 분석한 주제적 교차대구는 다음과 같다.[76]

A. 하나님이 이스라엘을 사랑하심(1:1-5)

  B. 정성이 결여된 예배와 성전제물(1:6-2:9)

    C. 가정 안에서의 불의(2:10-16)

    C′. 사회 안에서의 불의(2:17-3:5)

  B′. 무시된 십일조와 봉헌물(3:6-12)

A′. 하나님이 남은 자를 사랑하심(3:13-4:6)

필자의 분석에 의하면, 말라기 전체는 6개의 논쟁 형식이 유사한 주제들을 중심으로 교차대구를 이룬다. A(1:1-

5)와 A′(3:13-4:6)은 하나님의 사랑과 하나님을 향한 경외의 주제를 공유하면서 서로 짝을 이루며, B(1:6-2:9)와 B′(3:6-12)은 예배와 성전제물 그리고 십일조와 봉헌에 대한 이스라엘의 불성실한 태도에 초점을 두면서 서로 짝을 이룬다. 또한 C(2:10-16)와 C′(2:17-3:5)은 가정의 불의와 사회의 불의의 주제를 공유함으로써 대구를 이룬다. 이와 같은 구조적 관점 속에서 필자는 가정의 문제를 부각시키는 2:10-16의 논점을 중점적으로 살피고자 한다.

말라기 2:10-16의 문맥과 논점: 언약으로 연합된 결혼

먼저 2:10은 유다 공동체의 영적 부모의 중요성을 강조한다. 말라기는 유다 공동체의 영적 일체성을 강조하기 위해서 여호와를 "아버지"로, 유다 공동체를 한 분 하나님에 의해 창조된 자들로 묘사한다. 그러나 안타깝게도 2:11-12은 이스라엘의 남편들이 언약 안에서 결혼한 믿음의 여인과의 영적인 연합을 거부하고 이방신을 섬기는 여인과 재혼하는 비극적인 참상을 지적한다. 흥미롭게도 2:14은 "너와 서약한 아내"라는 표현을 소개하는데, 이는 "너의 언약의 아내"라고 번역하는 것이 더 적절하며 결혼에 담긴 언약의 중요성을 강조한다.

너희는 이르기를 어찌 됨이니이까 하는도다 이는 너와 네가
어려서 맞이한 아내 사이에 여호와께서 증인이 되시기 때문
이라 그는 네 짝이요 너와 서약한 아내로되 네가 그에게 거
짓을 행하였도다

또한 이 구절은 언약의 아내를 "짝"으로 묘사하는데,
"짝"으로 번역된 히브리어 "하베레트"는 여성형으로서 구약
전체에서 오직 말라기에만 등장하는 단어이며, 건축과 관련
된 "이음매" 또는 "접합 부분"이라는 뜻을 내포하고 있다.
언약 안에서 결혼한 아내를 "이음매"와 관련된 건축용어를
통해 설명하고 있음은 하나의 목표를 향해 함께 연합하는 동
등한 반려자로서의 개념을 강조한다. 이는 또한 나아가 결혼
관계의 '영구성'을 함축한다(출 26:6, 9, 11).
　특히 2:15은 부부의 언약적 신성함을 강조한다.

그에게는 영이 충만하였으나 오직 하나를 만들지 아니하셨
느냐 어찌하여 하나만 만드셨느냐 이는 경건한 자손을 얻고
자 하심이라 그러므로 네 심령을 삼가 지켜 어려서 맞이한
아내에게 거짓을 행하지 말지니라

　본문에 등장하는 "하나"라는 표현은 무엇보다도 부부의

하나 됨을 의미한다. 이것은 창세기 2:24을 연상시키며, 하나님께서 부부를 "하나의 몸"이 되도록 만드셨음을 상기시킨다.

이러므로 남자가 부모를 떠나 그의 아내와 합하여 둘이 한 몸을 이룰지로다

더욱이 말라기 2:15은 이방여인들과는 달리 언약의 배우자에게 하나님의 영이 함께 한다고 선언한다. 언약 백성의 결혼과 비 언약 백성의 결혼과의 근본적인 차이는 무엇인가? 말라기는 하나님의 언약 안에서 결혼한 부부는 하나님께서 하나로 만드셨을 뿐만 아니라 그들 모두 하나님의 영에 속한 자임을 역설한다. 그렇다면 하나님께서 이스라엘의 남성들로 하여금 하나님의 영이 거하는 배우자와 함께 한 몸을 이루게 하신 목적은 무엇인가? 본문은 경건한 자손을 얻기 위함이라고 설명한다. 여기에 결혼의 신비의 한 측면이 나타난다. 말라기 2:15은, 남자와 여자가 한 몸을 이루는 결혼의 연합의 중요성과 아울러, 그 연합으로 인한 결과의 중요함도 함께 강조한다. 결혼은 단순히 남자와 여자의 하나 됨뿐만 아니라 하나 됨으로 인한 그 자녀들의 중요성도 내포하고 있다. 만약 결혼이 언약 안에서 이루어지지 않는다면, 자녀들 역시 언약과 상관없는 아이들이 될 수 있다.

그러나 이스라엘은 이와 같은 하나님의 목적을 깨닫지 못한 채 오히려 부정한 행위를 일삼았으며, 마침내 이혼이라는 최악의 결과를 선택하였다. 흥미롭게도 15b절과 16절은 이스라엘이 자행한 부정한 태도를 가리키는 유사한 단어들의 등장으로 다음과 같은 교차대구를 이룬다.

A. 심령을 삼가 지켜거짓/부정한 짓을 행하지 말라
  B. 이혼을 미워하는 이스라엘 하나님 여호와
  B'. 옷으로 학대를 가리는 자를 미워하는 만군의 여호와
A'. 심령을 삼가 지켜거짓/부정한 짓을 행하지 말라

말라기는 거짓/부정한 짓을 뜻하는 히브리어 동사, "바가드"를 15절과 16절에서 반복적으로 사용하면서 어려서 취한 아내에게 이런 짓을 행하지 말 것을 촉구한다. 이 행위는 이방의 여인과 재혼하기 위해 언약의 아내를 저버리는 이혼 행위를 암시한다. 이런 이유로 인해 16절에서 여호와는 이혼을 미워하신다고 단호하게 선언한다. 그러므로 말라기가 언급하는 이 이혼의 문제를, 신명기 24:1-4과 연결시키는 태도는 말라기의 문맥을 전혀 고려하지 않은 부주의한 성경읽기이다. 실로 말라기의 이혼 거부는 분명 말라기 시대의 역사적 정황 속에서 이해되어야 한다. 말라기가 염두에 두고

있는 이혼은 이방신을 섬기는 여인을 아내로 받아들이기 위해 언약의 아내를 버리는 행위를 의미한다. 이 이방여인을 취하기 위해 언약의 아내를 버리는 것은 철저하게 하나님의 언약을 깨뜨리는 행위와 같다.

특히 본문은 "이혼하는 자"와 "옷으로 학대를 가리는 자"가 병행을 이룬다. 여기서 "옷으로 학대를 가린다"는 말은 "학대의 옷으로 가린다"는 뜻으로 해석되는 것이 더 적절하다. 그러므로 이 구조는 "학대의 옷으로 덮는 행위"가 이혼과 관련이 있음을 시사한다. 원래 옷을 덮는 행위는 결혼을 의미한다. 룻기 3:9과 에스겔 16:8은 결혼을 서약하는 행위로서 "남자의 옷자락"을 언급하는데, 여기서 "옷자락을 덮는 것"은 결혼을 상징한다. 그러나 아내를 버리고 이방 여인을 취하는 태도는 폭력으로 옷을 덮는 것과 같은 행위이다. 원래 "학대"로 번역된 히브리어, "하마쓰"는 거짓 증거로 인한 불의한 죄(출 23:1; 시 35:11)로부터 피 흘림의 죄(삿 9:24)까지 잔혹한 해악을 가리키는 단어이다. 창세기 6:13은 "이 땅에 죄악이 관영"했다고 소개하는데, 여기서도 동일한 단어가 사용된다. 그러므로 이 단어는 단지 개인만이 아닌, 사회 전체에 영향을 미치는 용어로서 사용된다. 좀더 구체적으로 말하면, 언약의 아내를 버리고 이방여인을 취하는 것은 잔인한 폭력과도 같은, 일종의 사회적 범죄에 해당하는 것이다.[77] 이처럼 말라기는 가정의 언약적 파기를 폭력과도 같은 엄청난 행위임을 강조함으로써 언약 백성들이 준수해야 할 책임적 반응으로서 가정의 언약적 순결을 강력하게 요청하고 있다.

■■
문맥에 뿌리내린 적용

그렇다면 말라기 2:10-16의 문맥과 그 논점이 현대의 그리스도인들에게 던지는 메시지는 무엇인가? 무엇보다도 이 본문의 문맥은 가정의 위기를 목도하는 한국 교회를 향해 가정의 언약적 순결의 중요성을 더욱 촉구하고 있다. 불신자와의 결혼에 대해 점차 그 문제의 심각성을 상실하고 있는 상황 속에서 한국 교회는 결혼 적령기에 있는 청년들이 자신의 배우자를 선택할 때, 그들의 선택이 성경의 가르침에 근거할 수 있도록 더 많은 관심과 노력을 기울이며, 그들로 하여금 언약 안에서의 결혼의 중요성을 인식하도록 일깨워야 할 것이다. 몇 년 전 한 기독교 신자가 제사와 같은 종교적인 문제로 시부모와 갈등을 겪다가 결국 남편으로부터 이혼 및 자녀 양육권 소송을 당해 패소한 사건이 대중매체를 통해 널리 알려지게 되었다. 부인 윤모씨는 목사의 딸로서 유교적 전통이 강한 불교 집안의 이씨와 결혼했으나 제사 문제와 같은 종교적인 갈등을 극복하지 못하고 이혼의 아픔을 겪고 말았다. 한국 교회는 이 사건을 단순하게 여기기보다는 불신자와의 결혼의 문제점을 재인식하는 계기로 삼아야 한다. 또한 최근 한국은 경제협력개발기구^{OECD} 국가 가운데 이혼율 1위의 불명예를 안고 있다. 특히 이혼의 원인 가운데 배우자의 외도나 불륜이 큰 비중을 차지하고 있음은 의심의 여지가 없다.

이와 같은 상황 속에서 말라기는 다른 상대와 불륜을 행하고도 그 잘못을 돌이키기보다는 오히려 언약의 배우자를 저버리는 행위야말로 배우자와 언약 공동체를 향해 막대한 고통을 가하는 폭력과도 같은 죄악임을 상기시켜준다. 이방 여인을 얻기 위해 언약의 아내를 헌신짝처럼 내버리는 이스라엘의 이혼 행위를 일종의 폭력으로 묘사하는 말라기의 목소리는 불륜과 같은 행위를 통해 결혼의 언약적 신성함을 저버리고 도리어 이혼을 정당화하는 이들에게 준엄한 경고의 메시지가 아닐 수 없다. 결론적으로 말라기 2:16은 엄격히 말해 이혼의 절대불가를 외치는 구절이 아니다. 오히려 가정을 깨뜨리는 불륜의 문제를 지적하며 가정의 언약적 순결과 그 중요성을 천명한다. 그러므로 말라기 2:16을 가르치고 설교하는 목회자들은 이혼 그 자체보다는 본문의 문맥에 나타난 이혼의 원인에 집중하여 부부의 언약적 의무와 순결을 강조해야 할 것이다.

장세훈. "가정의 언약적 순결에 대한 성경신학적 고찰: 말 2:10-16
을 중심으로."『한국개혁신학』36 (2012): 236-61.

말라기의 배경, 구조 및 주제뿐만 아니라 말라기 2:10-16에
관한 상세한 본문분석을 제시하는 연구논문이다. 특히 말라
기 2:10-16에 나타난 결혼과 이혼의 의미를 말라기 본문의
문맥 속에서 설명한다. 말라기의 이혼에 관한 연구를 원한다
면 꼭 읽어야할 연구논문이다.

Hill, Andrew E. "Malachi." eds. Richard D. Patterson &
Andrew E. Hill. *Minor Prophets: Hosea-Malachi.* Cornerstone
Biblical Commentary. Carol Stream: Tyndale House
Publishers, INC, 2008, 609-43.

말라기 2:10-16의 의미와 핵심적 논점을 주요 단어들을 중
심으로 잘 설명하고 있으며, 현대를 위한 적용점도 제공하고
있다.

Baker, David W. *Joel, Obadiah, Malachi*. The NIV Application Commentary. Grand Rapids: Zondervan, 2006.

충실한 본문주석보다는 현대적 적용점에 주안을 둔 주석서이다. 말라기 2장의 적용을 위해서는 유익한 관점을 제공한다.

Merrill, Eugene H. "Malachi." eds. Tremper Longman III & David E. Garland. *Daniel–Malachi*. The Expositor's Bible Commentary. Revised Edition. Grand Rapids: Zondervan, 2008, 834-63.

목회자들을 염두에 두고 저술된 주석서로서 너무 전문적이지 않으면서도 말라기 2:10-16의 배경과 의미를 파악하는데 필수적인 논의들을 충실히 제공한다.

Smith, Ralph L. *Micah–Malachi*. WBC 32. Waco: Word Books, 1984. 채천석 외 역.『미가-말라기』. 서울: 솔로몬, 2001.

다소 오래된 주석이지만 간결한 본문의 해설이 인상적이다. 말라기 2:10-16의 내용을 파악하는데 많은 도움을 준다.

Stuart, Douglas, "Malachi." ed. Thomas Edward McComiskey. *The Minor prophets*. An Exegetical and Expository Commentary. Grand Rapids: Baker Academic, 1998, 1245-1396.

말라기 2:10-16에 관한 탄탄한 본문분석과 상세한 해설을 제 공하며, 본문의 문학적 구조와 그 특징도 잘 설명한다. 말라 기 2:10-16의 의미를 알고자 하는 목회자들에게 가장 추천하 고 싶은 주석서이다.

주

1   이 글은 본인의 논문, "창 3:15의 제라에 대한 성경신학적 고찰: 게르할
      더스 보스의 관점을 중심으로." 『교회와 문화』(2006): 11-28의 일부를
      수정하고 보안한 것이다.

2   많은 학자들은 "그/그녀"에 해당하는 히브리어 "후"가 3인칭 남성 단수
      이며 70인경이 "제라"를 3인칭 단수로 번역하기 때문에 이 여인의 후손
      ("제라")을 한 개인으로 규정하고자 한다. 그러나 다른 이들은 구약에서
      집단 혹은 집합체를 가리키는 후손이라는 히브리어 "제라"가 단수 동사
      와 함께 단수 명사 형태를 취하는 경우들(예를 들면 창 13:16; 15:5, 13;
      16:10; 21:12; 22:17; 24:60; 28:14; 32:12; 48:19)을 근거로 제시하면
      서 창세기 3:15의 "제라"를 개인이 아닌, 집단 혹은 집합체로 해석할 것
      을 제안한다. 필자가 보기에, 창세기 3:15의 "제라"의 용법은 문법적으
      로 이 두 가지의 가능성을 모두 열어놓고 있다.

3   Kenneth A. Mathews, *Genesis 1–4:26*, NAC (Nashville: Broadman
      & Holman, 1996), 246.

4   John Calvin, *Commentaries on the First Book of Moses Called
      Genesis* (ed. and trans. John King; repr., Grand Rapids, Mich.:
      Baker, 1989), 1. 171.

5   보스는 창세기 3:15을 지나치게 메시아적 예언 구절로만 읽혀져서
      는 안 된다고 단언한다. 그는 다음과 같이 진술한다(Geerhardus
      Vos, *Biblical Theology: Old and New Testaments* [Grand Rapids:
      Eerdmans, 1948], 55).

이것은 그 갈등의 절정에서 뱀의 후손이 뱀으로 대표될 것이며, 이와 동일한 방식으로 여인의 후손도 한 단일 인물을 통해 대표될 것임을 시사한다. 그렇지만 우리가 여기서 메시아를 가리키는 한 독점적인 인물에 대한 언급을 찾고자 하는 것은 정당화되지 않는다. 마치 이 사람 혼자만이 "여인의 후손"으로 의도되는 것처럼 말이다. 구약 계시는 한 개인적인 메시아의 개념을 매우 점차적으로 접근해 간다. 타락한 인간에게는 하나님께서 그의 전능하신 능력과 은혜를 통해 인류로 하여금 뱀에게 승리하도록 인도해 주실 것임을 아는 것으로도 충분했다.

보스는 비록 "여자의 후손"이라는 표현 속에 메시아적 개념이 암시되어 있다하더라도 이 단어는 집단을 가리키는 단어로 취급해야 한다고 결론을 내린다. 아마도 보스가 창세기 3:15에 등장하는 "여자의 후손"을, 메시아를 가리키는 한 개인보다는 집단으로 연결시키는 이유는 계시의 점진성을 의식하고 있기 때문이다. 하나의 씨앗이 자라서 나무가 되어 결실을 맺어가듯이, 계시의 내용은 점진성을 가진다. 그러므로 메시아적 개념은 점차적으로 드러나며, 그 계시의 내용은 시간이 지나면서 더욱 구체화되어지는 것이다. 그러나 창세기 3:15을, 한 메시아적 존재에 대한 예언이나 약속으로만 취급하는 해석은 이와 같은 계시의 점진성을 충분히 고려하지 않는 성급한 결론이 될 수밖에 없다. 이와 같은 보스의 조심스런 입장은 우리로 하여금 계시의 점진성에 대한 이해와 그 중요성을 올바로 인식하도록 이끌어준다.

6   함의 저주의 잘못된 해석의 역사에 관한 논의로는 Edwin M. Yamauch, "The Curse of Ham," *CTR* n.s. 6/2 (2009): 45–60을 보라.

7   Edwin M. Yamauch, "The Curse of Ham," 55–56에서 재인용.

8   O. Palmer Robertson, "Current Critical Questions Concerning the 'Curse of Ham'(Gen 9:20–27), *JETS* 41/2 (1998): 177–88.

9   Victor P. Hamilton, *The Book of Genesis 1–17*, NICOT (Grand Rapids: Eerdmans, 1990), 322–23.

10   Allen P. Ross, "The Curse of Canaan," *BSac* 137 (1980): 230.

11   Gordon J. Wenham, *Genesis 1–15* (Waco, TX: Word, 1987), 200.

12   Victor P. Hamilton, *The Book of Genesis 1–17*, 324–25.

13   스캇 깁슨 편, 김현회 역, 『구약을 설교하기』 (서울: 디모데, 2008), 74–75.

14   이 글은 필자의 논문, "구약에 나타난 물질적 복의 의미와 가치", 『국제신학』, 제19권 (2017): 23–38에 실린 일부의 내용에 의존하고 있음을 밝힌다.

15   고든 웬함, 『레위기』(서울: 부흥과개혁사, 2015).

16   이에 대한 균형 잡힌 토론으로는 Jay Sklar, *Leviticus*, TOTC (Downers Grove: InterVarsity Press, 2014), 172–73을 보라.

17   Christopher J. H. Wright, *Old Testament Ethics for the People of God*, 김재영 역 『현대를 위한 구약 윤리』(서울: IVP, 2006), 412–13.

18   Allen P. Ross, *Holiness to the LORD* (Grand Rapids: Baker, 2002), 김창동 역, 『거룩한 동행』(서울: 디모데, 2009), 353.

19   André Biéler, *La Pensée Economique et Sociale de Calvin* (Genève: Georg & Cie S.A, 1961), 306–89. 앞서 제시된 글들은 필자의 논문, "구약에 나타난 물질적 복의 의미와 가치", 『국제신학』, 제19권 (2017): 23–38에 실린 일부의 내용을 수정하고 보완한 것임을 밝힌다.

20   앞서 언급했듯이 라합의 붉은 줄을 십자가의 붉은 피로 해석하는 목회자들의 설교는 모형론적 입장이 아니라 주관적인 알레고리적 해석에 기인한다. 이런 설교를 모형론적 해석이라고 주장하는 경우는 대체로 모형론의 이해에 대한 부족에서 비롯된 것이다. 원래 알레고리적 해석은 중세 시대에 널리 행해진 성경 읽기 방식으로서 본문 안에 담긴 영적인 의미를 찾는 일에 지나치게 몰입한 나머지, 본문이 전혀 의도하지 않는 주관적 해석을 낳는 부작용을 초래한 바 있다. 그리하여 종교개혁가들은 알레고리적 해석의 문제를 지적하고 역사 문법적 해석을 제시하며, 모형론에 근거한 구약과 신약의 통일성을 강조하였다. 비록 학자들마다 서로 다른 분류방식들을 제시하지만 지금도 모형론(Typology)이 구약과 신약의 연관성을 입증하는 주요 열쇠가 된다는 점을 긍정한다. 그러

나 오늘날 소위 종교개혁가들의 전통을 따라 구속사적 해석을 강조하는 목회자들조차도 알레고리적 해석을 시도하면서 마치 자신의 해석이 모형론에 입각해 있다고 오해하는 경향이 있다. 그렇다면 알레고리적 해석과는 달리, 모형론은 어떻게 이해되고 정의될 수 있는가? 학자들이 설명하는 모형론에 대한 개념 정의들은 다소 차이점이 있지만, 아래와 같은 베이커(David L. Baker)의 입장은 보다 폭넓은 지지를 받고 있다.

- 하나의 모형(a type)은 하나의 성경적 사건, 인물 혹은 제도로서 다른 사건들, 인물들 혹은 제도들의 한 모범(an example) 혹은 한 패턴(pattern)으로서 기능한다.
- 모형론(typology)는 모형들과, 모형론들 간의 역사적 신학적 일치성(correspondence)에 대한 연구이다.
- 모형론의 근거(basis)는 선택 받은 백성들의 역사에 나타난 하나님의 일관된 사역(God's consistent activity)에 있다.

(David L. Baker, "Typology and the Christian Use of the Old Testament," in *The Right Doctirne from the Wrong Texts: Essays on the use of the Old Testament in the New*, (ed.) G. K. Beale [Grand Rapids: Baker Books, 1994], 313-30).

더욱이 구약의 역사적 특성, 사건의 반복 그리고 신학적 연관성에 초점을 두는 모형론은 역사적 맥락을 무시하며 자의적 적용으로 치닫는 알레고리적 해석과는 차별성을 보여준다. 이런 관점에서 볼 때, 여호수아 2:15과 2:18에 등장하는 라합의 붉은 줄은 앞서 언급한 모형론의 특징들을 선명하게 보여주지 않는다. 왜냐하면 이런 붉은 줄의 형태들이 계속해서 역사 속에서 등장하지도 않을뿐더러 신약 본문에서조차도 예수 그리스도와 관련하여 어떤 언급도 없기 때문이다. 그러므로 라합의 붉은 줄을 그리스도의 피와 연결시키는 해석은 모형론이 아닌 알레고리적 시도에 가까운 것이다. 위의 Baker의 정의와 유사한 Goppelt의 정의는 다음과 같다: (1) 구약의 모형과 신약의 대형 사이에는 뚜렷한 성경적 패턴 혹은 일치가 존재한다 (2) 구약의 모형과 신약의 대형은 역사적 실재 즉 사람, 행동, 제도에 근거해야만 하며, 본문 속에 발견되는 숨겨

진 의미에 근거하지 않는다 (3) 구약의 모형으로부터 더 큰 신약의 대형
으로의 점진적 발전 혹은 진보가 있어야 한다. L Goppelt, *Typos: The
Typological Interpretation of the Old Testament in the New* (Grand
Rapids: Eerdmans, 1982), 17-18을 보라.

21 이것은 John H. Stek, "Rahab of Canaan and Israel: The Meaning of
Joshua 2," *CTJ* 37 (2002): 28-48에 소개된 구조에 의존하고 있음을 밝
힌다.

22 이것 역시 John H. Stek, "Rahab of Canaan and Israel: The Meaning
of Joshua 2,"에 소개된 여호수아 2장의 구조에 의존하고 있음을 밝힌다.

23 특히 아래에 소개된 리처드 헤스(Richard S. Hess)의 제안처럼, 라합의
고백이 절정을 이루는 2:9-11의 구조는 오직 이스라엘의 여호와에 대한
라합의 믿음과 그 동기를 부각시킨다.

> A. 여호와께서 이 땅을 너희에게 주신 줄을 내가 아노라
>> B. 우리가 너희를 심히 두려워하고
>> B. 이 땅 주민들이 다 너희 앞에서 간담이 녹나니 . . .
>>> C. 우리가 들었음이니라
>>> C′. 우리가 듣자
>> B′. 곧 마음이 녹았고
>> B′. 너희로 말미암아 사람이 정신을 잃었나니
> A′. 너희의 하나님 여호와는 위로는 하늘에서도 아래로는 땅에
> 서도 하나님이시니라

위의 구조는 Richard S. Hess, *Joshua: An Introduction &
Commentary*, TOTC (Leicester: InterVarsity Press, 1996), 90을 참조
한 것이다.

24 김지찬. 『여호와의 날개아래 약속의 땅을 향하여: 구약 역사서 이해 −
문예적 신학적 서론』(서울: 생명의 말씀사, 2016), 608-9.

25 김진수 교수는 다윗의 문제에 대해서 다음과 같이 지적한다: "모세의
율법에 따르면 법궤는 반드시 레위인이 어깨로 메어 운반해야했다(민
4:15). 그러나 다윗은 이런 규례를 무시하고 수레로 법궤를 운반하고자

했다(3절). 물론 '새 수레'를 준비한 사실에서 알 수 있듯이(3절), 다윗은 하나님께 최대한 존경과 경의를 표하고자 했을 것이다. 그럼에도 불구하고 다윗은 율법에 나타난 하나님의 뜻에 충분한 주의를 기울이지 못하였기에 그의 '열심'에는 자기만족적인 측면이 없지 않았다고 볼 수 있다." 김진수, 『우리에게 왕을 주소서: 하나님 나라의 관점으로 읽는 사무엘』(수원: 합동신학대학원대학교 출판부, 2011), 238.

26 본 글은 "다윗의 인구조사에 대한 재고찰: 대상 21:1을 중심으로," 『교회와 문화』 제14권 (2005): 29-46에 실린 필자의 논문의 일부를 수정하고 보완한 것임을 밝힌다.

27 사무엘하 24:1은 인구조사의 배경을 "하나님의 진노"와 연결시키는 반면, 역대상 21:1은 인구조사가 사탄의 정체와 연관되어 있다고 본다. 그러므로 언뜻 보기에 이 두 본문에 제시된 다윗의 인구조사에 대한 배경과 그 원인은 극명한 대조를 보여준다. 다시 말해, 각각의 본문에는 인구조사의 원인과 그 주체를 서로 다르게 서술하고 있다. 더욱이 역대상 21:1에 나타나는 사탄의 출현은 가장 주목해 볼 만하다. 이런 차이점은 이 본문을 대하는 이들에게 큰 어려움을 안겨다 주며, 그로 인해 수많은 해석을 양산하는 결과를 초래하였다. 이 문제에 관심을 갖는 사람들은 이 난제를 해결하기 위해 다양한 해결책들을 제시해 왔다. 그 중 대표적인 입장은 상호 조화적 접근이다. 이런 입장은 가장 친숙한 접근 방식으로서 인구조사의 원인을 '하나님'과 '사탄'으로 각각 다르게 표현하는 두 본문이 서로 상충하는 것이 아니라 실제로는 조화를 이루고 있다고 본다. 예를 들면, 학자들은 이 두 본문의 조화를 위해 사탄의 역사에 대한 하나님의 허용적 개념을 도입한다. 이들에 의하면, 사무엘하 24:1은 인구조사에 대한 하나님의 주권과 섭리를 강조하는 반면, 역대상 21:1은 이런 하나님의 주권 안에 있는 사탄의 역사를 기술하고 있다. 이 두 본문은 다윗을 유혹한 장본인은 사탄이었으나 궁극적으로는 하나님께서 그 유혹을 허용한 것임을 나타내 보여준다. 그러므로 이 두 본문은 서로 상충되는 논리를 보여주기보다는 하나의 사건에 대한 두 가지 측면, 곧 '사탄의 유혹'과 '하나님의 허용하심'이라는 두 측면을 보여주는

것이다. 대표적으로 박윤선 박사는 이와 같은 입장을 다음과 같이 표명한다.

여기 '이스라엘을 향하여'란 말은 '이스라엘을 대항하여'라고 번역되어야 한다. 하나님께서 이번에는 이스라엘 민중의 죄를 벌하시려고 그 지도자 다윗이 사단의 유혹에 빠짐을 허용하셨다. 여기 [삼하 24:1]에는 '여호와께서 다윗을 감동시키사'라고 하였지만 대상 21:1에는 '사단이 일어나 이스라엘을 대적하고 다윗을 격동하여 이스라엘을 계수하게 하니라'고 하였다. 여기 '격동 하였다'는 말은 '감동시켰다'는 말과 같은 단어이다. 이 때에 하나님께서 친히 다윗을 격동시켜 범죄케 하신 것은 아니고 사단의 격동함을 막지 않으시고 그대로 두신 것이다. 사람이 죄의 유혹을 받을 때에 하나님께서 그로 하여금 범죄하도록 내버려 두심도 일종의 벌이다. 이 때에 하나님이 일반 민중의 죄를 벌하시기 위해 왕의 실수함을 그대로 방임하셨던 것이다.

(박윤선, 『사무엘서, 열왕기, 역대기』[서울: 영음사, 1984], 255.).

언뜻 보기에 이 두 본문에 제시된 다윗의 인구조사에 대한 배경과 그 원인은 극명한 대조를 보여준다. 그리하여 윌리엄 존스톤(William Johnstone)은 다음과 같이 말한다: "삼하 24:1에는 사탄이 등장하지 않는다. 이스라엘을 '다시' 대적하는 것은 여호와의 진노이다. 이스라엘을 대적하기 위해 다윗을 격동하고 명령하고 행동하도록 하는 자는 여호와 그 분이다… 역대기 상은 이런 개념들에 대한 여지를 남겨두지 않는다." (William Johnston, *1 and 2 Chronicles*, vol. 1., JSOTSup 253 [Sheffield: Sheffield Academic Press, 1997], 225).

이 두 본문은 다윗을 유혹한 장본인은 사탄이었으나 궁극적으로는 하나님께서 그 유혹을 허용한 것임을 나타내 보여준다. 그러므로 이 두 본문은 서로 상충되는 논리를 보여주기보다는 하나의 사건에 대한 두 가지 측면 즉 "사탄의 유혹"과 "하나님의 허용하심"이라는 두 측면을 보여주는 것이다. 하지만 "격동하다" 혹은 "감동시키다"라는 말을 "허용하다"라는 의미로 해석하려는 시도는 본문의 의도를 다소 약화시킬 우려가 있다. 사무엘하 24:1은 분명 하나님께서 진노하셔서 다윗을 "감동시켰다"고 진술한다. "감동시키다"로 번역된 히브리어 "수트"는 "방임하다" 혹은 "허용하다"라는 의미보다는 "자극하다" 또는 "충동하다"는 뜻으로 해석하는 것이 더 바람직하다. 그러므로 이 히브리어 단어의 전반적인 용법은 적극적으로 자극시켜 무너뜨리려는 의도를 암시하고 있다. 특히 이 단어는 심각한 파멸의 결과를 의도하고 있기 때문에, 하나님께서 이스라엘을 향해 심판의 의도를 갖고 계셨음을 시사한다. 그렇다면 사무엘하 24:1은 이스라엘을 심판하고자 하시는 하나님의 적극성과 주도성을 암시한다. 그러므로 사탄의 유혹에 대한 하나님의 허용적 개념은 본문의 의도와는 다소 부합하지 않는다.

둘째, 비평학자들은 전통적인 조화적 접근의 문제점을 인식한 뒤, 이 난제를 풀 수 있는 새로운 실마리를 제시하고자 노력해 왔다. 무엇보다도 이들은 역대기 저자의 독특한 신학적 관점과 그 의도에 초점을 맞추고자 하였다. 이들은 역대기 저자가 기존의 사무엘하 24:1의 본문을 자신의 시각에 따라 또는 자신이 속한 시대의 요청에 따라 이 본문을 수정하고 교정하였으며, 그로 인해 역대상 21:1은 사무엘하 24:1에 대한 신학적 재기술로 이해한다. 로디 브라운(Roddy Braun)같은 학자는 역대기 저자가 페르시아의 이원론을 경계하기 위해 사무엘하 24:1을 수정했다고 주장한다(로디 브라운, 『역대상』, WBC 성경주석, 김의원 역 [서울: 솔로몬, 2001], 387). 그에 따르면, 역대기 저자 당시에 페르시아의 이원론이 발전하고 있었기 때문에, 역대기 저자는 이 점을 염두에 두고 있었으며, 하나님을 악의 직접적 원인으로 말하지 못하도록 본문을 수정한 것이다. 하지만 역대기 저자가 이런 의도를 갖고 있었는지는 불확실하다. 맥콘빌(J. G. McConville) 같은 학자는 역대상 21:1의 사탄의 등장은 악이 독자적으로 하나님을 대항하여 활동한다는 유대교의 이원론적 경향을 나타내 주는 특징이 된다고 주장한다(J. G. McConville, *I & II Chronicles*, The Daily Study Bible Series [Philadelphia: Westminster Press, 1984], 70). 다시 말해, 역대기 저자는 사무엘서 저자보다는 사탄의 독자적인 역할을 보다 더 인식하고 있었다고 본다. 어떤 이들은 역대상 21:1에 나오는 '사탄'이라는 단어가 욥기 1-2장과 스가랴 3:1과는 달리 관사가 빠져있다는 점에 집중하면서 이 단어가 역대상 21:1에서 고유 명사화 되었다고 주장한다. 안타깝게도 편집비평적 입장은 숱한 해석만을 양산할 뿐 본문의 난제 해결을 위한 합의점에 도달하는 데는 실패한 듯하다.

역대상 21:1의 사탄의 정체를 규명하기에 앞서 구약에 나타난 사탄의 의미와 그 용례들을 고찰해 보는 것이 논의에 도움이 될 것이다. 그럼 먼저 구약에 나타난 사탄의 정의와 그 용례를 간략하게 살펴보도록 하자.

1. 사탄의 정의

히브리어 명사 "사탄"은 동사형 "사탄"과 연관이 있음에 틀림없다. 이 동사는 구약에서 단지 여섯 번 등장한다(시 38:20; 71:13; 109:4, 20, 29; 슥 3:1). 각각의 단락에서 이 동사는 대체로 "고소하다"(accuse), "비난하다"(slander)와 같은 의미로 해석된다. 그런데 유의해야 할 점은 "고소하다"는 말과 "비난하다"는 말은 비슷한 의미로 쓰일 수 없다. "고소"라는 말은 잘못된 것 일 수도 있고 적법한 것일 수도 있다. 그러나 "비난"이라는 말은 언제나 거짓된 것을 뜻한다. 그러므로 이 동사는 주로 "비난하다"(slander)의 의미를 더욱 많이 함축하고 있다. 하지만 이 단어의 명사형은 이와 같이 언제나 부정적인 의미를 내포하고 있는 것만은 아니다. 때때로 이 명사형은 "비난자"라는 뜻뿐만 아니라, "고소자"라는 의미를 나타내기도 하며, 어떤 경우에는 "대적자"라는 뜻을 지니기도 한다. 그러므로 이 명사형 "사탄"의 의미는 문맥에 따라서 이해되어야 할 것이다.

2. 사탄의 다양한 용례들

2.1. 지상적 존재로서의 사탄

구약에 나타난 명사형 "사탄"은 다양한 용례로 쓰이고 있으며 총 26회 등장하는데 대체로 지상적 존재와 천상적 존재로서 구분될 수 있을 것이다. 먼저 지상적 존재로서의 "사탄"에 대해서 살펴보도록 하자. 사탄이 지상적 존재를 가리키는 경우는 먼저 다윗에게 해당된다. 삼상 29:4에서 블레셋 사람들은 그들과 함께 있는 다윗이 결국 그들의 대적이 될 것이라고 말한다. 여기서 사탄이라는 명사는 "대적"이라는 의미로 사용되고 있으며, 다윗은 블레셋의 대적으로 묘사되고 있다. 둘째, 다윗을 저주했던 시므이를 처치해야한다고 주장하는 아비새에게 다윗은 나의 "대적"이라는 표현을 사용한다(삼하 19:18-20). 세 번째 경우는 솔로몬의 시대와 관련이 있다. 솔로몬이 성전건축을 계획할 당시 평화의 시대가 이루어진다. 왕상 5:4은 이때를 "대적"이 없는 시대로 소개한다. 여기서 사탄은 군사적 대적들을 가리킨다. 솔로몬 왕국의 후기 때에 여호와는 솔로몬을 대항하는 두 사탄을 일으킨다. 하나는 에돔의 하닷이며(왕상 11:14), 또 다른 대적은 아람의 르손이다(왕상 11:23, 25). 이처럼 사탄은 지상의 대적자들로서 이해되고 있다. 끝으로 시편 109:6도 지상의 대적자를 소개하고 있다.

2.2. 천상적 존재로서의 사탄

사탄이 천상적 존재로서 표현되고 있는 구절은 대상 21:1을 제외하면 민 22:22, 23; 욥 1-2장 그리고 슥 3:1-2 뿐이다. 대체로 천상적 존재를 가리키는 사탄은 총 18회 등장하며, 그 중 두 가지 경우(대상 21:1은 제외)는 정관사가 빠져있다(민 22:22, 32). 14회 등장하는 욥 1-2장과 슥 3:1-2에는 사탄이 정관사를 수반하고 있다. 그러므로 대체로 천상적 존재로 등장하는 사탄은 "그 대적자"(the Accuser/the Adversary)로 이해되기도 하지만, 정관사가 없이도 사용된다. 천상적 존재로 소개되는 첫 번째 경우는 민 22:22, 32에 등장한다. 여기서 여호와의 천사는 발람을 견책하는 사탄으로 묘사된다. 사탄이 천상적 존재로 묘사되고 있는 두 번째 경우는 욥 1-2장에 잘 나타나고 있다. 여기서 이 사탄이 천상회의에 속한 합법적 존재인가 아니면 외부 침입자인가에 대해서는 논란의 여지가 있으나, 여호와께서 사탄에게 "네가 어디서 왔느냐"라는 질문을 던지고 있음(욥 1:7)을 고려해 볼 때, 후자의 해석이 더 타당해 보인다. 그 다음 주목할 만한 본문은 슥 3:1-2이라고 할 수 있다. 여기서 사탄은 여호와의 천사 앞에 있는 대 제사장 여호수아를 대적하며 그를 고소한다. 이때에 여호와께서 사탄을 꾸짖으시며 여호수아의 옷을 새롭게 입혀주신다. 여기서 여호수아는 포로기 후 공동체를 대표하고 있으며, 이스라엘의 회복을 상징해 주고 있다.

29 세일헤머, 『구약신학개론: 정경적 접근』, 김진섭 역 (서울: 솔로몬, 2003), 525-27.

30 본 글은 "에필로그로 읽는 전도서", 『교회와 문화』 제18호 (2007): 25-44에 실린 필자의 논문의 일부를 수정하고 보완한 것임을 밝힌다.

31 James Limburg, *Encountering Ecclesiastes: A Book For Our Time* (Grand Rapids: Eerdmans, 2006), 126.

32 C. L. Seow, *Ecclesiastes*, The Anchor Bible (New York: Doubleday, 1997), 338.

33 R. N. Whybray, *Ecclesiastes*, New Century Bible Commentary (Grand Rapids: Eerdmans, 1989), 173.

34 Tremper Longman III, *Ecclesiastes*, NICOT (Grand Rapids: Eerdmans, 1998), 281.

35 Barry G. Webb, *Five Festal Garments: Christian reflections on The Song of Songs, Ruth, Lamentations, Ecclesiastes and Esther* (Downers Grove: Inter-Varsity Press, 2000), 101.

36 이런 입장에 관해서는 Daniel C. Fredericks, *Ecclesiastes & The Song of Songs*, AOC (Downers Grove: InterVarsity, 2010), 248-49를 보라.

37 본 글은 필자의 논문, "칼빈의 역사 문법적 해석의 의의-사 14:12의 "헬렐"의 해석을 중심으로", 『개혁논총』 제11권 (2009): 63-85의 일부를 수정하고 보완한 것임을 밝힌다.

38 4세기 라틴어 역 사 14:12은 아래와 같다.
Quomodo cecidisti de caelo lucifer qui mane oriebaris corruisti in terram qui vulnerabas gentes.

39 70인경의 번역, "에오스포로스"(dawn-bringer)의 뜻과 연결된다.

40 Joseph Jensen, "Helel Ben Shahar (Isaiah 14:12-15) in Bible and Tradition," *Writing and Reading the Scroll of Isaiah: Studies of an Interpretive Tradition*, (eds.) Craig C. Broyles & Craig A. Evans, Vol. I (Leiden, Brill, 1997), 339.

41   W. S. Prinsloo, "Isaiah 14:12-15: Humiliation, Hubris, Humiliation," *ZAW* 93 (1981): 432-38; R. H. O'Connell, "Isaiah XIV 4B-23: Ironic Reversal Through concentric Structure and Mythic Allusions," *VT* 38 (1988): 407-418; Ronald Youngblood, "The Fall of Lucifer," *The Way of Wisdom: Essays in Honor of Bruce K. Waltke*, (eds.) J. I. Packer & Steven K. Soderlund (Grand Rapids: Zondervan, 2000), 177.

42   Robert H. O'Connell, "Isaiah XIV 4B-23: Ironic Reversal Through concentric Structure and Mythic Allusion," 407-8.

43   이와는 달리 영블러드는 이사야 14:4b-23을 통일된 단락으로 보지 않고 이사야 14:3-23을 통일된 단락을 취급한다. 그의 구조분석은 아래와 같다.

        A. 서막: 주께서 바벨론과 그 왕을 대면하시다(3-4a)

          B. 스스로를 파멸되는 파괴자가 더 이상 다른 이들을 괴롭히지 않을 것이다(4b-8)

            C. 왕의 선대의 죽은 왕들이 그를 만나며 문안하다(9-11)

              D. 왕이 땅으로 던져지다(12)

                E. 왕의 교만은 끝이 없다(13-14)

              D′. 왕이 스올로 던져지다(15)

            C′. 왕의 선대의 죽은 왕들이 그를 응시하며 그의 운명을 생각하며 조롱하다(16-17)

          B′. 스스로 파멸되는 파괴자의 후손들이 더 이상 다른 이들의 권리를 무시하지 못할 것이다(18-21)

        A′. 결론: 전능하신 주께서 바벨론과 그 왕조를 멸망시키다(22-23)

        (Ronald Youngblood, "The Fall of Lucifer," 177).

그의 구조분석에 의하면, A(3-4a)과 A′(22-23)은 바벨론과 그 왕을 대적하시는 여호와의 이미지를 동일하게 반영하고 있으며, B(4b-8)과 B′(18-21)은 독재자와 그 후손들의 파멸을 묘사하고 있으며, C와 C′는 독재자에 대한 지하 세계에 있는 이전 왕들의 반응들이 동일하게 등장하

고 있으며, D와 D'는 지하로 떨어지는 독재자의 최후를 보여주며, E는
바벨론 왕의 교만에 초점을 두고 있다.

44   J. H. Hayes and S. A. Irvine, *Isaiah: the Eighth-Century Prophet:*
      His Times and Preaching (Nashville: Abingdon, 1987), 227-31.

45   R. E. Clements, *Isaiah 1-39* (Grand Rapids: Eerdmans, 1980), 149.

46   Marvin A. Sweeney, *Isaiah 1-39*, FOTL (Grand Rapids: Eerdmans,
      1996), 232-33.

47   Gary V. Smith, *Isaiah 1-39*, NAC (Nashville: B&H Publishing
      Group, 2007), 310-11.

48   John N. Oswalt, *Isaiah 1-39*, NICOT (Grand Rapids: Eerdmans,
      1986), 313-14.

49   존 칼빈, 「칼빈 성경 주석 이사야 I」(서울: 성서교재간행사, 1992), 445.

50   이에 대한 구체적인 논의로는 Gary Smith, *Isaiah 1-39*, NAC
      (Nashville: Broadman & Holman, 2007), 571을 보라.

51   에드워드 영(Edward J. Young)은 다음과 같이 진술한다: "선지자 자
      신은 그의 말이 성취되리나는 것을 의심하지 않는다. 그런 까닭에 그
      는 예언적 환료형을 사용하면서 적극적으로 그가 방금 언급한 모든 짐
      승 중 어느 것 하나도 빠지지 않을 것이라고 주장한다. 이 짐승들은 선
      지자가 예고한 그대로 그 땅의 거민으로써 에돔에 모두 있게 될 것이다.
      이것은 마치 이사야가 그 책에서 읽고 그가 언급한 짐승들 하나 하나가
      언급되었다는 것을 발견하라고 명령한 것으로 보인다. 이 진술로 그가
      의미하는 바는 그 예언이 가장 확실하게 성취된다는 것이다." Young,
      Edward J. *The Book of Isaiah*. Vol. 1. Chapters 1-18. NICOT (Grand
      Rapids: Eerdmans, 1965), 장도선·정일오 역. 「이사야서 주석 1」(서울:
      기독교문서선교회, 2007), 470을 보라.

52   본 글은 "아름다운 재회(렘 31:15-22)", 「프로에클레시아」 제10권
      (2006): 101-114에 실린 필자의 논문의 일부를 수정하고 보완한 것임을
      밝힌다.

53   Elmer A. Martens, *Jeremiah* (Scottdale: Herald Press, 1986), 186.

54　이 글의 주요 부분은 필자의 논문, "다니엘서 스케치: 다니엘서의 이슈, 구조 및 신학." 『국제신학』 제10권 (2008): 7-46의 일부를 가져온 것이다. 다니엘서 전체의 구조는 학자들마다 매우 다양하게 연구되어 왔으나 대체로 장르적, 문예적 및 병행적 관점으로 분석되고 있다. 그러므로 이 세 가지 관점의 구조분석을 먼지 살펴보도록 하지.

1. 장르적 구조분석

비평학자들은 대부분 다니엘서의 구조적 통일성에 의문을 갖는다. 그들은 1-6장은 궁정 내러티브, 7-12장은 묵시적 환상의 장르로 구성되어 있기 때문에 다니엘서를 하나의 구조적 통일체로 보기보다는 1-6장과 7-14장으로 분리하여 이해하려 한다. 나아가 그들은 다니엘서가 서로 다른 장르(1-6장은 궁정 이야기, 7-12장은 묵시)로 구성되어있으며, 이는 기록의 시기가 서로 다름을 의미한다고 주장한다. 그들에 의하면, 7-12장은 1-6장이 쓰여진 이후에 주전 2세기 경 안티오쿠스 4세의 핍박 시절에 고난당하는 유대인들을 격려하기 위해 추가로 기록되었다고 본다. 그러므로 그들에게 있어서 다니엘서 전체는 복잡한 편집의 과정을 거친 다양한 자료들의 혼합체로서 이해될 뿐, 결코 통일체로 이해될 수 없다. 예를 들면, 다니엘서 연구의 권위자 콜린스는 다니엘서의 편집 단계를 다음과 같이 5단계로 제안한다(John J. Collins, *A Commentary on the Book of Daniel*, Hermeneia [Minneapolis: Fortress, 1993], 38.).

(1) 2-6장 중에서 개인적인 이야기들이 존재했던 단계
(2) 3:31-6:29의 아람어 부분이 모아진 단계
(3) 헬라 시대에 1장과 함께 아람어 이야기들이 모아진 단계
(4) 안티오쿠스 4세의 박해 초기에 7장이 아람어로 구성된 단계
(5) 주전 167-164년 사이에 히브리어로 된 8-12장이 추가되며, 1장이 히브리어로 번역되고, 12:11-12이 추가된 단계

이처럼 비평학자들은 1-6장의 궁중이야기와 7-12장의 묵시적 환상을 구별하여 각각의 역사적 정황을 달리 이해하며, 그 편집의 시기도 다르게 해석한다. 그럼에도 불구하고 1-6장을 내러티브로, 7-14장을 묵시

적 환상으로 엄격하게 구별하는 것은 너무 지나친 감이 있다. 왜냐하면 전반부에 해당되는 궁중 이야기 속에서도 묵시적 요소들이 발견되기 때문이다. 뿐만 아니라 다니엘서는 언어기록 방식에 있어서 크게 아람어와 히브리어로 구분되는데, 히브리어는 1:1-2:4a과 8-12장에, 아람어는 2:4b-7:28에 나타난다. 이런 이유로 인해 다니엘서를 단순히 1-6장과 7-12장으로 무조건 나누는 것은 언어적 차이와 그 구분을 무시하는 결과를 초래할 수도 있다. 오히려 언어구조에 관심을 기울여 온 성경 신학자들은 아람어로 기록된 본문 즉 2:4b-7:28의 구조분석에 관심을 기울여왔다.

2. 2-7장의 문예적 구조

랑글레(A. Lenglet)를 비롯하여 딜라드와 롱맨과 같은 성경 신학자들은 아람어로 기록된 2:4b-7:28이 주제의 유사성에 근거한 정교한 교차대구를 이루고 있음을 밝혀왔다(A. Lenglet, "La structure littéraire de Daniel 2-7," *Biblica* 53 [1972]: 169-90.). 이들이 제시하는 구조를 살펴보면 아래와 같다.

    A. 이스라엘을 다스리는 이방의 네 제국들(2장)
      B. 신실한 자들을 위한 하나님의 구원(3장)
        C. 바벨론왕 느부갓네살의 낮아짐(4장)
        C'. 바벨론왕 벨사살의 낮아짐(5장)
      B'. 신실한 자들을 위한 하나님의 구원(6장)
    A'. 이스라엘을 다스리는 이방의 네 제국들(7장)

이들의 구조 분석에 따르면, 2장(A)과 7장(A')은 네 제국에 초점을 두고 있으며, 3장(B)과 6장(B')은 동일하게 하나님의 신실한 백성들을 향한 하나님의 주권적 구원을 보여주고 있으며, 끝으로 4장(C)과 5장(C')은 바벨론의 왕들과 그들의 겸비함에 초점을 두고 있다. 그러므로 이들은 아람어로 기록된 2-7장이 주제적 유사성에 의한 교차대구를 보여주고 있음을 밝히고 있다.

3. 1-5장과 6-12장의 병행구조

랑글레의 구조분석과는 달리, 구딩(David W. Gooding)은 다니엘서를 병행구조로 분석한다. 그의 구조분석에 의하면 다니엘서는 1-5장과 6-12장이 병행을 이루는 구조로 구성되어 있다. 그의 구조분석을 아래와 같다(David W. Gooding, "The Literary Structure of the Book of Daniel and Its Implications," *Tyndale Bulletins* 32 [1981]: 43-79).

1-5장	6-12장
1장	6장
왕의 부정한 음식을 거절함	기도를 금하는 왕의 명령을 거절함
그럼에도 불구하고 다니엘과 친구들은 신원함을 받음	그럼에도 불구하고 다니엘은 신원함을 받음
두 개의 상들	짐승에 대한 두 개의 환상들
2장: 느부갓네살의 꿈에 나타난 상	7장: 네 짐승들
3장: 느부갓네살의 금으로 된 상	8장: 두 짐승들
연단 받는 두 왕들	해설되는 두 문서들
4장: 느부갓네살의 연단과 회복	9장: 예레미야서의 예언
5장: 벽의 글씨와 벨사살의 파멸	10-12장: 진리의 글과 왕의 영원한 멸망(11:36-45)

이와 같은 구딩의 구조분석은 다른 이들의 구조분석과 차별성을 보여주며, 다니엘서의 통일성을 논증하는 하나의 방식을 제시해 준다. 그럼에도 불구하고 그의 구조분석은 다소 설득력을 상실한다. 예를 들면, 구딩은 2-3장과 7-8장을 동일한 배경으로 취급하고 있지만, 2-3장과 7-8장의 배경은 다르다. 다시 말해 2-3장은 바벨론의 배경을 나타내지만, 7-8장은 바벨론 이후의 제국들을 배경으로 한다. 또한 4장과 9장을 병행으로 취급하는 구딩의 분석은 가장 큰 약점이 될 수 있다. 과연 느부갓네살의 연단과 회복을 다루는 4장이 어떻게 예레미야의 예언과 병행을 이룰 수 있는지는 의문이 든다. 그러나 2장과 7장의 병행구조를 강조한 구딩의 분석은 매우 적절하다고 판단된다.

4. 필자의 구조분석.

278

위의 모든 구조들을 종합해 본 결과 필자는 장르적 차이보다는 언어적 차이를 중심으로 다니엘서의 구조를 다음과 같이 분석하고자 한다.

A. 히브리어(1-2:4a)

    아람어(2-7장)   A. 신상의 네 이미지들(2장)

                B. 신실한 자를 위한 하나님의 구원(3장)

                  C. 느부갓네살의 낮아짐(4장)

                  C'. 벨사살의 낮아짐(5장)

                B'. 신실한 자를 위한 하나님의

                          구원(6장)

            A'. 네 짐승의 환상(7장)

    A'. 히브리어(8-12장)

이 구조는 다니엘서 1장이 동일한 히브리어로 기록된 8-12장과 함께 인클루지오를 이루고 있음을 보여준다. 이런 문학적 패턴은 다니엘서 1장과 다니엘서 8-12장을 서론과 결론의 형식으로 이해하도록 이끌어준다. 특히 다니엘서 1장에 등장하는 궁정의 이야기는 8-12장에 등장하는 종말의 환란과 고난을 대처하는 중요한 모델로서 제시되고 있다. 좀 더 구체적으로 말하자면, 8-12장에서 장차 하나님의 백성들은 종말을 맞이하여 큰 신앙의 위기에 직면할 것이다. 이와 같은 절체절명의 위기상황 속에서 하나님의 백성들은 이런 위기를 어떻게 극복해야 하는가? 다니엘서 1장은 이런 위기극복을 위한 열쇠를 미리 제시한다. 이방인의 왕의 궁정에서 이스라엘의 정체성이 부정되며 하나님의 백성으로서의 책임과 의무가 하찮게 여겨질 수 있는 위기적 상황 속에서 다니엘의 신앙적 행동은 종말의 하나님의 백성들이 견지해야 할 모범적 기준이 된다.

55   본 글은 "설교를 위한 번역 선택의 중요성에 대한 고찰: 호 1:4; 1:9 및 2:19-20을 중심으로," 『한국개혁신학』 제 26권 (2009): 39-65에 실린 필자의 논문의 일부를 수정하고 보완한 것임을 밝힌다.

56   한글개역개정과 한글개역은 동일하게 "내가 이스르엘의 피를 예후의 집에 갚으며"로 번역하고 있으며, NIV는 "I will soon punish the house of Jehu for the massacre at Jezreel," NKJV은 "I will avenge the

bloodshed of Jezreel on the house of Jehu로 번역하고 있는데, 한글 번역본과 영어 번역본 모두다 예후의 가문의 심판의 원인을, 이스르엘에서 행한 예후의 피흘림으로 돌리는 경향을 보인다.

57 반대로 볼프와 같은 학자는 호세아가 예후의 이스르엘에서의 숙청에 대해 왕상 9:16과 왕하 9:1-13과는 다른 해석을 제시하고 있다고 주장한다. 그는 예후의 이스르엘에서의 숙청을 하나님의 계획으로 해석하는 열왕기의 입장과는 달리, 예후의 숙청을 부정적으로 해석한다. 볼프는 호세아가 예후의 숙청을 긍정적으로 평가하는 9세기 선지자들의 전통을 전혀 알지 못했기 때문에 자신만의 독자적인 입장을 제시하게 되었다고 주장한다. Has Walter Wolff, *Hosea* (Minneapolis: Fortress Press, 1974), 18을 보라.

58 Marvin A. Sweeney, *The Twelve Prophets*, Vol. 1 (Collegeville: The Liturgical Press, 2000), 17-18.

59 Francis I. Andersen & David Noel Freedman, *Hosea*, The Anchor Bible (Garden City: Doubleday & Company, 1980), 181.

60 존 칼빈, 「구약성경주해 26, 호세아」, 존칼빈성경주해출간위원회 옮김 (서울교제간행사), 70.

61 본 글은 필자의 논문. "여호와를 아는 지식의 결핍과 리더십의 문제: 호세아 4:4-6을 중심으로." 『성경과 신학』 71 (2014): 1-21를 수정하고 개정한 것임을 밝힌다.

62 호세아 4:4-10의 이슈에 대한 고전적인 연구로는 Michael Deroche, "Structure, Rhetoric, and Meaning in Hosea IV 4-10," *VT* 33 (1983): 185-98을 보라.

63 호세아서 전체는 전반부를 구성하는 호세아 1-3장과 후반부를 구성하는 호세아 4-14장으로 크게 구분될 수 있다. 또한 호세아 1-3장은 호세아의 결혼과 재결합의 주제를 중심으로 교차대구를 이루고 있으며, 호세아 4-14장은 크게 호세아 4-11장(MT 4-11:11)과 호세아 12-14장(MT 11:12-14:9)으로 나뉜다. 이 두 단락은 다시 더 작은 소 단락들로 세분화될 수 있다. 학자들이 호세아 4-14장을 호세아 4-11장과 호세아 12-13

장으로 구분하는 이유는 호세아 4장의 시작과 호세아 11장의 끝이 인
클루지오를 이루기 때문이다. 좀 더 구체적으로 말하자면, 호세아 4:1
의 "여호와의 말씀을 들으라"는 표현과 호세아 11:11의 "나 여호와의 말
이니라"라는 표현이 "하나님의 말씀"이라는 어구에 의해 인클루지오를
이루고 있기 때문이다. 이러한 논의에 관해서는 M. Daniel Carroll R.,
"The Prophetic Denunciation of Religion in Hosea 4-7," Criswell
Theological Review 7.1 (1993): 15-38; "Hosea", Daniel ~ Malachi,
The Expositor's Bible Commentary, Revised Edition (Grand Rapids:
Zondervan, 2008), 243을 보라. 학자들이 제시하는 호 4-14장의 구조
는 천차만별이다. 이것은 호세아서가 명확한 구조를 파악하는데 매우
어려운 본문임을 시사한다. 호 4:4-10의 구조에 대한 연구로는 Michael
Deroche, "Structure, Rhetoric, and Meaning in Hosea IV 4-10,"
185-98을 보라. 호 4:1-10의 고전적인 수사적 분석에 관해서는 Jack R.
Lundbom, "Contentious Priests and Contentious People in Hosea IV
1-10", VT 35, 1 (1986): 52-70을 보라.

64 비록 호세아서를 연구하는 학자들은 서로 다른 구조분석을 소개하지만,
대체로 호세아 1-3장과 호세아 4-14장을 구분하고 있다. 대표적으로
Francis I. Andersen & David Noel Freedman, Hosea, The Anchor
Bible (Garden City: Doubleday & Company, INC, 1890)을 보라.
Francis I. Andersen & David Noel Freedman은 호세아 1-3장을 호세
아의 결혼으로, 호세아 4-11장을 호세아의 예언으로 취급한다. 물론 호
세아서를 1-3장과 4-14장으로 구분하지 않는 학자들도 있다. 예를 들
면 Thomas E. McComiskey는 호세아서 전체를 17단락으로 분석한다.
그의 "Hosea," The Minor Prophets: An Exegetical and Expository
Commentary, (ed.) Thomas Edward McComiskey (Grand Rapids:
Eerdmans, 1998), 17을 보라. 또한 호세아서를 1:1과 1:2-14:9로 크게
구분하는 Marvin Sweeney, "Hosea", The Twelve Prophets, Vol. 1,
Berit Olam (Collegeville: The Liturgical Press, 2000), 3-144를 보라.

65 더욱이 호세아 4장은 고소와 심판선언의 이슈를 중심으로 1-3절, 4-10

281

절, 11-19절로 세분화될 수 있다. 호세아서를 연구하는 학자들은 호 4장의 구조에 대하여 다양한 견해들을 제시해왔다. J. Andrew Dearman과 같은 학자들은 호세아 4:1-3 이후의 본문들이 5장과 연결된 것으로 이해한다 (그의 *The Book of Hosea*, NICOT [Grand Rapids: Eerdmans, 2010], 155-87을 보라). 그러나 어떤 학자들은 호세아 4장을 호세아 5장과 분리시켜 분석하기도 한다. 그럼에도 불구하고 대부분의 호세아 연구가들은 호세아 4:4을 이끌고 있는 전치사, "아크"의 등장이 새로운 단락을 이끌고 있다는데 동의하며, 11절이 우상숭배에 대한 새로운 이슈로 전환되고 있음을 강조하면서 호세아 4:4-10을 하나의 단락으로 분석한다. 예를 들면, Douglas Stuart, *Hosea-Jonah*, WBC (Waco: Word Books, 1987), 69-74; Francis I. Andersen & David Noel Freedman, *Hosea*, 331-79; Duane A. Garrett, *Hosea, Joel*, NAC (Nashville: Broadman & Holman, 1997), 115를 보라. 필자는 구조적으로 4-5장을 결합시키기보다는 4장과 5장을 분리하는 후자의 입장을 취한다. 호세아 4:1-3은 이스라엘에 대한 비난을, 호세아 4:4-10은 제사장들에 대한 비난을, 호세아 4:11-19은 이스라엘의 우상숭배에 대한 비난을 중점적으로 다룬다. 필자가 제안하는 호세아 4장의 구조는 다음과 같다.

    A. 이스라엘에 대한 비난(1-3절)

        a. 고소(1-2절)

        b. 심판선언/저주(3절)

    B. 제사장에 대한 비난(4-10절)

        a. 고소(4-6절)

        b. 심판선언/저주(7-10절)

    C. 우상숭배에 대한 비난(11-19절)

        a. 고소(11-14절)

        b. 심판선언(15-19절)

66   학자들은 일반적으로 호세아서의 히브리 본문의 번역의 어려움을 토로해 왔다. 이런 어려움에 대한 원인으로는 첫째, 필사과정에서 발생하는 실수들의 누적을 꼽는다. 그리하여 어떤 학자들은 호세아서의 수정작

업을 쉽게 생각하기도 한다. 그러나 현재의 히브리 본문을 쉽게 수정하는 태도는 바람직하지 않다. 가장 바람직한 태도는 현재의 본문을 가능한 그대로 유지하되, 부득이 사본상의 문제가 분명한 경우 조심스런 대안을 제시하는 것이다. 둘째, 호세아 선지자 자체의 생략적 기법과 북쪽 방언 사용은 또 다른 어려움을 불러일으킨다. 이런 점에서 호세아서 본문 연구는 다른 구약본문 연구보다 더 신중한 태도가 요청된다. 이에 대한 토론으로는 J. Andrew Dearman, *The Book of Hosea*, 9-11; Duane A. Garrett, *Hosea, Joel*, 26-27를 보라.

67 앞서 언급했듯이 호세아서 전체 구조에 대한 학자들의 견해는 다양하지만 호세아서는 대체로 전반부를 구성하는 1-3장과 후반부를 구성하는 4-14장으로 크게 구분된다. 물론 호세아서를 1-3장과 4-14장으로 구분하지 않는 학자들도 있다. 예를 들면 Thomas E. McComiskey는 호세아서 전체를 17단락으로 분석한다. 그의 "Hosea", *The Minor Prophets: An Exegetical and Expository Commentary*, (ed.) Thomas Edward McComiskey (Grand Rapids: Eerdmans, 1998), 17을 보라. 또한 호세아서를 1:1과 1:2-14:9로 크게 구분하는 Marvin Sweeney, "Hosea", *The Twelve Prophets*, Vol. 1, Berit Olam (Collegeville: The Liturgical Press, 2000), 3-144를 보라. 나아가 학자들이 제시하는 호세아 4-14장의 구조는 천차만별이다. 이것은 호세아서가 명확한 구조를 파악하는데 매우 어려운 본문임을 시사한다. 호세아 4:4-10의 구조에 대한 연구로는 Michael Deroche, "Structure, Rhetoric, and Meaning in Hosea IV 4-10," 185-98을 보라. 호세아 4:1-10의 고전적인 수사적 분석에 관해서는 Jack R. Lundbom, "Contentious Priests and Contentious People in Hosea IV 1-10", *VT* 35, 1 (1986): 52-70을 보라.

68 정중호 교수는 호세아 4장을 호세아 4:1-3과 호세아 4:4-19로 나누는 전통적인 구분을 거부하며, 호세아 4:1-19을 하나의 단위로 취급할 것을 제안한다. 그의, "에브라임은 어리석은 비둘기: 호세아 4-10장", 『호세아·미가 어떻게 설교할 것인가』, 목회와 신학 편집부 엮음 (서울: 두

란노아카데미, 2009), 27을 보라.

69 정중호, "에브라임은 어리석은 비둘기: 호세아 4-10장", 28.

70 맥코미스키(Thomas E. McComiskey)와 같은 학자도 상세한 논의를
거쳐 호세아 4:4의 비난의 대상을 이스라엘 백성으로 결론짓는다. 그
에 의하면, 호세아 4:4은 패역한 이스라엘 민족을 향하고 있으며, 제사
장의 결정에 순복해야할 이스라엘의 의무를 규정하는 신명기 17:8-13
의 계명의 위반을 지적한다. 좀 더 구체적으로 말하자면, 호세아는 제
사장과 같은 영적인 지도자들의 결정에 불순종하는 백성들의 강팍하
고 교만한 영적인 상태를 지적하고 있는 것이다. (Thomas Edward.
McComiskey, "Hosea," 60.).
캐롤은 호세아 4:4의 대상을 다음과 같이 진술한다.

> 그의 백성들을 향해 질문할 수 있는 권위와 정당함을 갖고 있는
> 하나님과 달리, 그들은 어느 누구와 논쟁하거나 혹은 불평할 수
> 있는 도덕적 근거를 갖고 있지 않다. 이런 성격에 근거해 볼 때,
> 이스라엘은 강팍하다. 백성들이 "제사장과 다투는 자와 같다"는
> 것은 그들이 여호와의 대리자들로부터 선포되는 참된 말씀에 귀
> 를 기울이지 않는다는 것을 의미한다.
> (M. Daniel Carroll R., "Hosea", 246.)

71 이런 이유 때문에 호세아서를 연구하는 많은 학자들은 호세아 4:4-10의
청중을 이스라엘로 간주하기 어렵다고 판단하여 그 청중을 제사장으로
판단한다. 흥미롭게도 호세아 4:4-10의 대상을 제사장으로 보는 견해는
본문을 수정하는 입장과 본문 그대로를 보존하는 입장으로 크게 구분될
수 있다. 필자는 본문을 수정하지 않는 한글개역개정과 NIV의 번역을
선호하며, 4:4-6의 청중을 제사장으로 판단한다.

72 더욱이 아래의 호세아 4:6의 주제적 교차 대구 구조는 제사장의 문제가
무엇인지 더욱 구체화시킨다.

    A. 백성의 지식 상실

      B. 지식을 버린 제사장의 직무유기

        C. 제사장의 직무박탈

B′. 율법을 잃은 제사장의 직무유기

A′. 자녀의 상실

73 호세아 사역 시대(주전 755-722년으로 추정됨)는 크게 다음과 같이 구
    분될 수 있을 것이다.

시대구분	유다	이스라엘	앗수르
초반부	웃시야(강)	여로보암 2세(강)	아슈르단(약)
중반부	요담/아하스(약)	베가(약)	디글랏 빌레셀3세(강)
후반부	아하스(약)	호세아(약)	디글랏 빌레셀 3세/살만에셀(강)

호세아서의 역사적 배경에 관한 간략한 논의로는 Gary V. Smith,
Hosea, Amos, Micah, The NIV Application Commentary (Grand
Rapids: Zondervan, 2001), 24; Duane A. Garrett, *Hosea, Joel,*
22-23을 보라.

74 최근 기독교윤리실천운동에서 2013년을 기준으로 한국의 대표적인 종교
    단체의 신뢰성에 관한 설문조사의 결과를 발표하였다. 이 조사보고서는
    가장 신뢰하는 종교로서 카톨릭(29.2%), 불교(28.0%), 기독교(21.3%),
    유교(2.5%), 원불교(1.3%), 기타종교(0.6%)의 순으로 발표하였다. 비기
    독교인들을 대상으로 설문을 조사한 결과는 사뭇 충격적이다. 비기독교
    인들을 대상으로 한 설문결과에 따르면, 가장 신뢰하는 종교로서 카톨
    릭(47.0%), 불교(38.0%), 기독교(12.5%)의 순으로 나타났다. 이와 같은
    설문조사는 어느 때보다도 한국 교회의 신뢰도가 바닥을 치고 있음을
    알려준다. 왜 기독교를 신뢰하지 않느냐는 질문에 '언행일치가 되지 않
    아서'(93건), '교회 내부적 비리/부정부패가 많아서'(81건), '타종교에 대
    한 비판적 입장'(44건), '강압적 선교방식'(43건)이라는 답변이 가장 많
    이 나타났다. 여기서 지적되는 여러 문제점들은 교회 지도자들의 리더
    십과 깊이 결부되어 있음은 의심의 여지가 없다.

75 본 글은 필자의 두 논문, "말라기 스케치", 『국제신학』 15 (2013): 543-
    63과 "가정의 언약적 순결에 대한 성경신학적 고찰: 말 2:10-16을 중심

으로." 『한국개혁신학』 36 (2012): 236-61의 일부를 수정하고 보안한 것임을 밝힌다.

76 이 구조는 휴겐버거의 구조를 참조하고 변경하여 필자가 제안한 것이다. 휴겐버거는 말라기 전체를 서로 쌍을 이루는 문학적 교차대구로 분석한다. 그리고 서로 쌍을 이루는 단락들은 공통적인 주제들을 반영한다고 주장한다.

교차 대구 단락		공통 주제들
A. 표제(1:1)	A'. 요약적 도전 (3:22-24[4:4-6])	이스라엘을 위한 여호와의 메시지
B. 첫째 논쟁 (1:2-5)	B'. 여섯째 논쟁 (3:13-21[3:13-4:3]	하나님께서 악인과 의인을 구분하심; 의인을 살려두시고 악인을 정죄하심으로 그의 언약적 사랑을 증명하심
C. 둘째 논쟁 (1:6-2:9)	C'. 다섯째 논쟁 (3:6-12)	각 논쟁의 도입부에 이중 "선언-질문"의 형식이 등장함; 잘못된 제물에 대한 정죄; 축복이 역전; 열방 가운데 여호와의 이름이 위대하게 됨
D. 셋째 논쟁 (2:10-16)	D'. 넷째 논쟁 (2:17-3:5)	여호와께서 결혼의 정절에 대해 증인이 되심; 불성실한 유다

그의 책, *Marriage as a Covenant: A Study of Biblical Law and Ethics Governing Marriage Developed from the Perspective of Malachi*, VTSup52 (Leiden/NewYork: Brill, 1994)를 보라.

77 Andrew E. Hill, "Malachi," Patterson, Richard D. & Hill, Andrew E. (eds.), *Minor Prophets: Hosea-Malachi*, Cornerstone Biblical Commentary (Illinois: Tyndale House Publishers, 2008), 628.

문맥에서 길을 찾다

초판 발행 2018년 4월 17일

지은이 장세훈
발행인 이사미
편집대표 이정화
디자인 박지영

펴낸곳 토브
주소 경기도 용인시 수지구 탄천상로 7, 101-402
대표전화 010-2327-8428
이메일 arome95@hanmail.net
등록번호 706-92-00331
출판신고일 2017.5.29. 제2017-000044

© 장세훈 2018
보급처 하늘물류센터 031-947-7777
ISBN 979-11-962978-0-0 93230

이 도서의 국립중앙도서관 출판예정도서목록(CIP)은 서지정보유통지원시스템
홈페이지(http://seoji.nl.go.kr)와 국가자료공동목록시스템(http://www.nl.go.kr/kolisnet)에서
이용하실 수 있습니다.(CIP제어번호: CIP2018010644)